ギリシア神話の悪女たち

三枝和子
Saegusa Kazuko

a pilot of wisdom

はじめに

ギリシア神話というと、あなたが先ず真っ先に思い浮かべるのは、竪琴《たてごと》を弾く眉目秀麗の男神アポロンだろうか。それとも冒険物語に登場する英雄ヘラクレスだろうか。ミロのヴィーナス像で知られる愛の神、アプロディテだろうか。

これまでのギリシア神話の紹介のされかたは、男神を中心にした神々の系譜や、神々と英雄たちの話に焦点が当てられていた。ギリシア神話の主役は男たちで、女たちは文字通り「刺身のツマ」に過ぎなかった。

かの有名なボーボワールが『第二の性』のなかで、女たちは「自分自身の宗教も詩ももたない。夢みるのさえ、男の夢をとおして見る。彼女たちの崇拝するのは男によってつくりだされた神々だ」「英雄たちの運命のなかで女はただ第二義的な役割しか演じておらぬ」と、ギリシア神話について歎いていることを御承知の方も多いだろう。

しかし、果してそうだろうか。なるほど神話に物語や悲劇としての形を与えたのは男たちだ。

ホメロスやヘシオドスや、アイスキュロスやソポクレス、エウリピデスなど、ビッグネームの男たちだ。だが「神話そのもの」は、すなわち男たちが形を与えた物語や悲劇の底にある「神話そのもの」は、古い時代の人々の生活のなかで、ちゃんとした形を与えられないまま、人々の伝承によってのみ、その意識のなかで息づいて来たものだ。

物事には表もあれば裏もある。ビッグネームの男たちが描いて来た神話のなかの神々や英雄たちが表の話なら、その神々や英雄たちの鼻面とって引き廻した女たちの裏の話だってあるはずだ。何と言ってもこの世界を構成している人間の半分は女だ。半分の構成人員が「刺身のツマ」ってことはない。

そう思って、これらビッグネームの男たちの描いて来た神話を裏から読み直すと、出て来ました、出て来ました、魅力ある悪女がぞろぞろ……。

本書はこうした観点から、これまでのギリシア神話を、裏通りから眺めた試みである。裏通りには表通りには無い面白味がある。それをあなたにゆっくり味わっていただきたい。ただ、そのためには、ちょっとした約束ごとがある。

第一、悪女という言葉を鵜呑みにしない。悪女って何？　と問い返してほしい。そもそも悪女があって悪男という言葉が無いのはおかしい、と考えてほしい。どうも、強い女、男たちに影響力を持ち、これを支配することのできる女を、男たちは悪女と言おうとして来たようだ。

それが男なら英雄という称号を貰ったにちがいない女たちだ。

　第二、ニンフ（妖精）たちの働きに目を向けてほしい。このグループで活動する女たちは、ギリシア神話のなかではきわめて重要な存在だ。にもかかわらず、これら女たちのグループは、英雄たちの冒険譚のかげで風景描写みたいに霞んでいた。

　第三、女性の賢さに注目しよう。ギリシア神話では男より女の方が策略とか技術とかに長じている。いわゆる悪賢い女が多い。この悪賢いという評価から「悪」の部分を取り除いて眺め直すと、古代、女たちの知恵がいかに男たちに恐れられていたかが明瞭になって来る。

　第四、英雄物語ではなく、日常生活にも目を向けよう。ギリシア神話では、戦争や冒険の物語だけでなく、人間の生活の技術を守る神々が沢山存在し活躍していたのだ。

　以上の観点から、本書は神様から順序正しく進めるべき神話を、先ず、人間の女たちから始める。もちろん、神様から恐るべき能力を貰った、そのため今日の男性社会からは、極めつけの悪女と思われている女たちから。

ギリシア周辺図

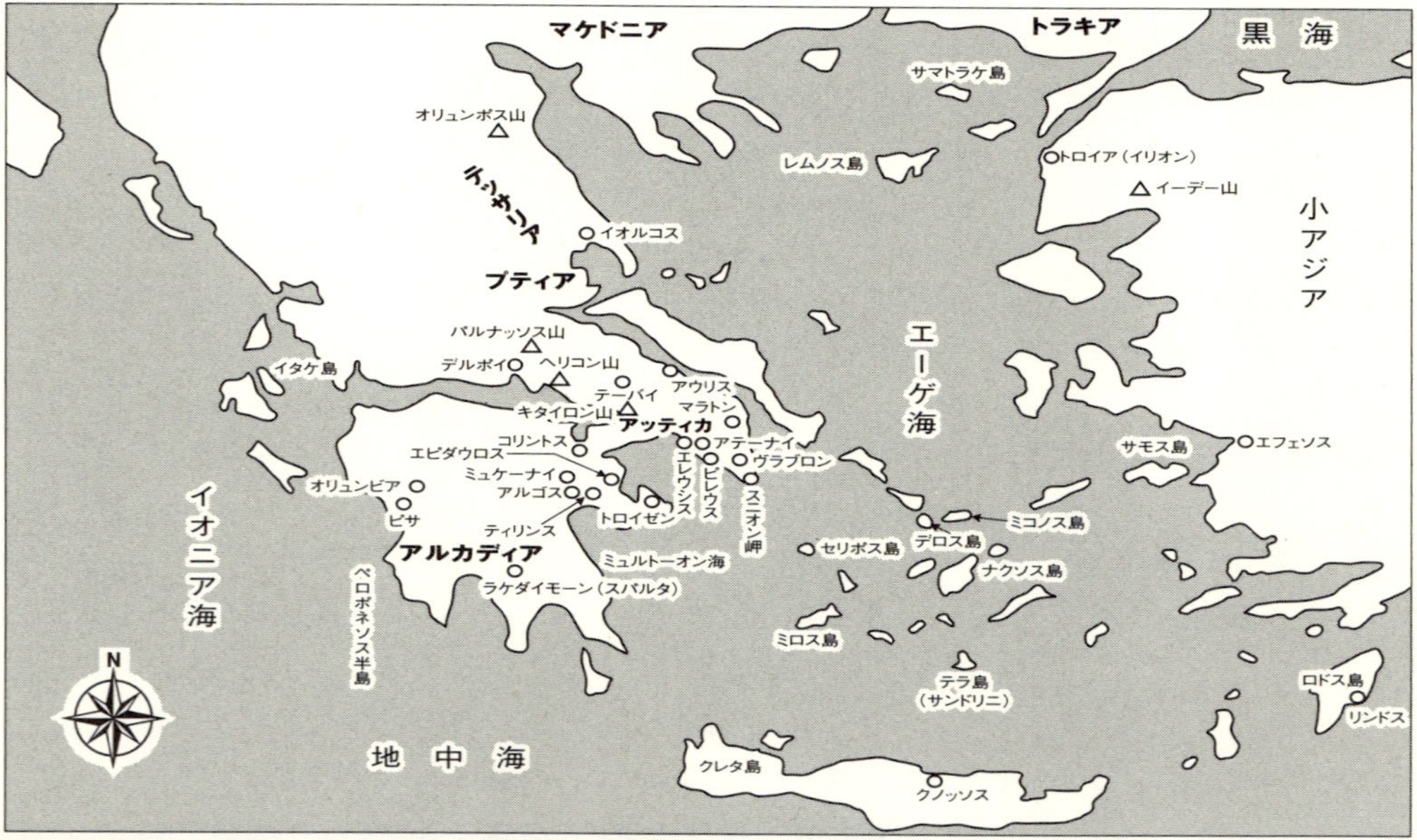
マケドニア
トラキア
黒海
サマトラケ島
オリュンポス山
テッサリア
レムノス島
トロイア（イリオン）
イーデー山
小アジア
イオルコス
プティア
エーゲ海
パルナッソス山
イタケ島
デルポイ
ヘリコン山
テーバイ
アウリス
マラトン
キタイロン山
アッティカ
コリントス
アテーナイ
エピダウロス
ヴラブロン
サモス島
エフェソス
ミュケーナイ
エレウシス
ピレウス
スニオン岬
オリュンピア
アルゴス
トロイゼン
ピサ
ミコノス島
デロス島
ティリンス
イオニア海
アルカディア
セリポス島
ミュルトーオン海
ナクソス島
ラケダイモーン（スパルタ）
ペロポネソス半島
ミロス島
N
テラ島
（サンドリニ）
ロドス島
リンドス
地中海
クレタ島
クノッソス

目次

第一章　憎まれた悪女たち

毒薬を操る女・メディア

灼熱の恋

ギリシア神話の女性のなかで、わたしたちの国でもっともよく知られているのはメディアだろう。日本版『メディア』はしばしば上演される戯曲だし、ギリシア悲劇が日本にやって来ると先ず演目のなかに入れられる。

メディアはコルキス王の娘である。現在この国が何処かは、はっきりしない。黒海の東端の地と言われるから、ギリシア神話の世界から見れば蕃族の国であった。この地を目指して、ギリシアの男たちがアルゴー船に乗って出発した。アルゴー船は人類が最初につくった船と言われ、乗組員たちアルゴナウテスの物語は、ギリシアのもっとも古い冒険譚である。

アルゴナウテスの指揮官はイアソン。金毛の羊皮を求めてメディアの住む国にやって来た。イアソンを一目見るなり、メディアは恋に陥《お》ちた。

イアソンが何故、このような冒険をしなければならなくなったかについては長い物語があるが、ここはメディアを中心に述べたいので、そのことには触れない。とにかく、課せられた金毛の羊皮を求める仕事は難事業だった。所有者であるメディアの父コルキスの王が容易に応じなかったからだ。王は火の神ヘパイストスから贈られた、鼻から火を噴く青銅の蹄《ひづめ》の二頭の牡牛を軛《くびき》に繋ぐことと、アテナ女神から貰った竜の牙を播《ま》くことを条件にイアソンがこれをクリアすれば金毛の羊皮を与えると約束した。恋に陥ちたメディアは、父を裏切ってイアソンを助ける決心をした。メディアは魔法をよくし、特に薬物の扱いに長《た》けていた。メディアは思いきって自分の恋を打明け、イアソンとの結婚を条件に彼を援助することを申し入れた。願ってもないこと、イアソンは一も二もなく承知した。

メディアはイアソンに火によっても刀によっても傷つくことのない薬を与えた。イアソンはそのおかげで、先ず、火を噴く牡牛を繋ぎとめることができた。続いて、竜の牙を播く仕事に取りかかったが、それは地上に播くと武装した兵士たちが生えて来る牙だった。イアソンは一計を案じて叢《くさむら》に隠れ、彼らのなかに石を投げ入れた。生えて来たばかりの兵士たちは驚き、前後の事情のわからないまま、お互いに相手を疑って戦い始めたところへイアソンが飛びこんで彼らを全部退治した。しかし王はそれでも金毛の羊皮を与えず、船を焼き、アルゴナウテスを殺そうとした。メディアの報らせでそれを知ったイアソンは、彼女の案内で金毛の羊皮の置かれている部屋に向かった。

ぐずぐずしてはいられない。

メディアは金毛の羊皮の番をしている竜を薬で眠らせ、その隙にイアソンは羊皮を手に入れ、アルゴー船は夜の闇にまぎれて出発した。イアソンに従ってギリシアに行きたいと願ったメディアの弟もいっしょだった。

逃げられたと知った王は逆上した。直ちに軍勢を引き連れ、自らイアソンたちを追った。夜が白みはじめた。追いつかれては大変とメディアはとんでもないことを思いついた。いっしょについて来た弟を殺し、その死体を八つ裂きにして海に投じた。イアソンのために肉親への愛など、ふっ飛んでしまったメディアだった。

王は、投げこまれて海に漂っている息子の死体を集めた。そして近くの港に立ち寄り手厚く葬った。もちろんイアソンたちは、そのあいだに逃《に》げ了《おお》せたのである。メディアの恋は、激しい、恐ろしいくらい激しいものだった。

不満のほむら

父コルキス王からの追跡を逃れ、さまざまな苦難を経て、メディアはイアソンと共に彼の故郷イオルコスに帰った。しかしイアソンの父アイソンは寄る年波で、見る影もなく痩せ衰えていた。死ぬ日も近いと思われた。イアソンの留守が父に心労を与えたのだ。イアソンは老いた父をいとおしむあまり、涙ながらにメディアに頼んだ。『変身物語』から紹介しよう。

「妻よ、わたしがこうして無事でいられるのは、はっきりいって、おまえのおかげだ。おまえはわたしにあらゆるものを与えてくれた。おまえの尽力のすべては、信じがたいほどのものでもある。けれども、もしできるなら、わたしの寿命のいくらかを削って、それを父のほうへまわしてはもらえまいか。おまえの呪文に、できないものはないだろう」

メディアは、かっとなった。理不尽な気持に捉えられた。自分は父を捨て、弟を殺してイアソンへの愛に生きて来たのだ。その気持に何の配慮もなく、ぬけぬけと自分の親への愛に溺れるイアソンに対して不満を抱いた。しかし、その気持は表に出さず「あなた、何という罪なことをおっしゃるのです？　それでは、わたしには、あなたの命のいくらかを別の誰かに移すことができるなどと、そんなふうにお思いなのですか？　ヘカテさまも、そんなことはお許しにならないでしょう。あなたの願いは、正しくはないのです。でも、あなた、お求めのそのことよりも、もっと大きな恵みとなることを試みてみましょう。あなたの寿命を縮めたりはせずに、もっぱらわたしの術によって、お舅さまの老齢を若返らせてみせましょう」と引き受けた。

しかしこのとき、メディアの心はイアソンとはっきり一線を画していた。メディアは、ひどい孤独のなかにいた。イアソンの父アイソンの若返りは、このようなメディアの物狂おしい気持のなかで行われた。オウィディウスは、このときのメディアをこのように物語っている。

「半月の両端が合わさって、まん丸い月がつくられるまでには、まだ三晩あった。照り輝く満月が、みちわたった姿で地上を見下ろしたとき、メディアは家を抜け出した。着物ははだけ、裸足《はだし》のままで、飾りけのない髪の毛を肩に散らしている。ひっそりとした真夜中のしじまを、供もつれずに、さまよい歩く。人も、鳥も、けものも、昼間の労苦から解放されて、ぐっすりと眠りこんでいる。生垣《いけがき》にももの音はなく、木《こ》の葉《は》も動かずに、静まり返っている。露を含んだ大気もひそやかで、星々だけがまたたいていた。その星のほうへ腕をさしのべると、メディアは三度身をめぐらした。流れから汲んだ水を、これも三度髪にふりかけ、同じく三度、口を開いて叫びを発する。固い地面に膝まずいて、こう祈る。

『夜よ、このうえもない秘儀の友よ！　昼の光のあとをうけて、金色に輝く星々よ、月よ！　それに、わたしの企てに関与し、魔術者の呪文とわざの助け手として来臨の、三つの姿もつヘカテ（天上、地上、海中でのあらゆる精霊、呪法の女神、後述＝以下、引用文中の小さな文字の註は筆者註）よ、術者たちにあらたかな薬草を授ける〈大地〉よ！　おお、そよぐ大気よ、風よ、山よ、河よ、湖よ！　森に住むなべての神々よ、ありとある夜の神よ！　いざ、わがもとへ！　あなたがたの助けによってこそ、わたしは、望むがままに、河を源へと逆流させてその堤を驚かしもできたのです。その助けによってこそ、呪文で荒海を静め、凪《なぎ》を騒がせることもできるのです。そうです、雲を払い、雲を集め、風を走らせ、これを呼び寄せます。まじないをとなえれば、大蛇のあごを裂くこともできます。しっかりと地に生えた大岩を動かし、樫《かし》の大木を――いや、森をさえ――根こそぎに引き抜き、山々を震撼《しんかん》させ、大地を咆哮《ほうこう》させもするのです。亡者たちを墓の外へ出させることとさえ、できなくはありません！……』」

凄まじい言葉の連続である。気の弱い男が聞いたら、ひきつけを起こしそうな言葉である。

ヘカテ女神の援《たす》けを願い、身体中に悪意を充満させてメディアは家に帰り、土を掘って二本の溝をつくり、贄《にえ》の儀式を行った。

毛の黒い羊の喉にナイフを突き立てて、大きく開いた溝に血を注ぎこむ。さらに一杯の透明な葡萄酒と温い乳を一杯加え、呪いを唱え、地下の神々を呼ぶ。

それからアイソンの身体を呪文によってぐっすり眠らせ、一方、据えられた青銅の釜でテッサリアの谷から切り取られた草の根、花、満月の夜に集められた白霜、鷲木菟《わしみみずく》の翼と肉、狼男のはらわた、キニュプスの河に住む水蛇の皮、九代を生き延びた鳥のくちばしと頭、などなど、およそ、思いつくかぎりの凶まがしいものを煮立てに煮立てた。そうしておいて、ひからびたオリーブの枝を釜のなかへ投げこんで混ぜ合わせた。

すると、熱い釜のなかで廻っていた枝がみるみる緑色になったかと思うと、あっという間に沢山の実を生《な》らせたのだ。メディアは頃合いを見はからって、剣で老人の喉を切り開き、古い血を流れ出させて代りに釜のなかの薬汁を注ぎこんだ。アイソンがそれを口からあるいは開かれた傷口から呑みこむと、髭と髪が黒々となり、凹んだしわが肉でうずめられ、手足に活気が甦えった。

復讐には魔法を

メディアの凶まがしい力が活写されているので、オウィディウスの『変身物語』からお話を紹介したが、アルゴナウテスの古い物語のなかでは、アイソンは自殺したことになっている。王位を同族のペリアースに奪われた上、金毛の羊皮を取りに行くことを口実に追い払われたイアソンがなかなかに帰って来ないことを悲観したからである。アイソンが自殺したことを知り、妻、すなわちイアソンの母も自殺した。あとにイアソンの弟が残されたが、ペリアースはこの子をも殺した。

帰還してこのことを知ったイアソンは、メディアに復讐を頼む。メディアはペリアースの王宮に行って、その娘たちにペリアースを若返らせてやる約束をして一つのディスプレイをする。年とって痩せしぼんだ雄羊を八つ裂きにして魔法の汁のなかで煮たところ、老羊は可愛らしい子羊になって出て来た。娘たちは仰天した。そして口を揃えて自分たちの父にもこの術を施してほしいと願った。メディアは娘たちに父親を八つ裂きにすることを命じて、娘たちはこれに従った。八つ裂きにされたペリアースの死体をメディアは釜のなかへ入れて煮たが、生き返らなかった。娘たちは初めて欺されたことに気付き歎き悲しみながら、父を殺した罪を負うて、アルカディアに逃れた。メディアとイアソンもイオルコスを追われ、コリントスに行った。

『変身物語』によれば、イアソンとメディアがいっしょにコリントスへ行くのではなくて、メディアはペリアースを殺した現場から翼持つ竜の車に乗って上空高く舞いあがっている。

イアソンはコリントスに逃れてから、コリントス王女との結婚をすすめられ、これを受けるという物語が次に展開するのだから、ここはイアソンとメディアがいっしょにコリントスへ逃れたというより、メディアがイアソンのあとを追ってコリントスへ来て見れば、男はすでに新しい女との恋にうつつをぬかしていたと捉える方が自然かもしれない。

コリントスへ、イアソンを追ってやって来たメディアは、ここでイアソンの裏切りを知る。この話をエウリピデスが悲劇に仕立てたのだ。こちらの話では、いっしょにコリントスに逃れて来て、しばらく暮らし、そのあいだに二人の子供を儲けた。にもかかわらず、イアソンがコリントス王位に目がくらんだことになっている。

イアソンはさまざまに言い訳して、メディアとのあいだに生まれた二人の子供に、コリントス王家の血に繋がる者たちと異母兄弟になり、この国の指導者になる道を開いてやるためだと自分を正当化する。もちろんメディアは聞き入れない。苦労を共にした妻への裏切りをこのような形で誤魔化して、古い神である太陽神ヘリオスの血をひく彼女を、蕃族の女扱いにしたイアソンに誇りを傷つけられ、怒りを覚える。

さあ、こうなるとメディアは恐い。さあらぬ顔でコリントス王女に花嫁衣裳を贈り、その衣裳に毒薬を塗っておいた。何も知らぬ王女がその衣裳の美しさに魅せられて試着したところ、衣裳から火が出て、彼女と父王と宮殿を焼き払った。王女の名前はグラウケーと言い、伝承だけれども、いまもコリントスの遺跡には、このグラウケーが炎に包まれながら飛びこんだと言われる井戸がある。

子殺しで夫を裁く

メディアの行為は、しかし、コリントスの民衆をいたく立腹させた。メディアの二人の子供は、彼女の暴虐に対して群衆が怒って石を投げつけたため打ち殺されたのだという説がある。わたしは、伝承としてこの説の正当性をとるものである。殺された子供をヘラの神殿に祀ったあと、メディアはアテネをめざして飛び立った、と。コリントスのヘラ神殿の縁起としては、ふさわしい物語だと思う。しかし悲劇作者エウリピデスは、メディアが自らの手を血に染めて子供を殺し、イアソンに仇討をしたという伝説にもとづいて戯曲を書いた。

確かに、これもメディアの凶まがしさを伝える一理ある物語である。夫の不実をなじって、その報復のためにわが子を手にかけるというメディアの行為は昔から男たちにとって、恐れを伴った謎であったらしく、さまざまに演出されて来た。

嫉妬のあまり、半狂乱になって子供を殺してしまう、というのがもっとも多い解釈である。子供を殺してしまってから、はっと気付き歎き悲しむ、いわゆる愁嘆場を見世ものにする演出は、しかし、最近ではすでに古いと見られている。メディアは、もっとスケールの大きい悪女である。

ただ演劇の上演については、さまざまな解釈があっていいし、演出家はもとよりだが、役者の力量にも影響されやすい。エウリピデスの作品そのものは、メディアが子供を自分の手で殺すという設定で豊富な言葉を用意してくれているから、一層、取り組みかたが問題になるところである。

嫉妬のあまり半狂乱になって子供を殺す、のではなく、つまり狂乱ではなく、凄まじ

1999年に来日、上演されたギリシア国立劇場のパンフレットから。女優のカリョフィリア・カラベティさんのメディアが強烈だった。（撮影：山村行志）

い嫉妬だけで、冷静に子供を殺す、という演技を見たこともある。

また、これを女の嫉妬の問題として扱うのは大方の男性の立場であるが、全く異った解釈をしているものもある。戯曲ではないが、三島由紀夫の『獅子』という短篇がその例である。「エウリピデスの悲劇『メーデア』に拠《よ》る」と記されているこの作品は、魔法ではなくて酒に毒を入れて許婚《いいなずけ》とその父に送る。酒の呑めない夫（この設定がミソだが）が目の前で許婚と義父となるべき人の死を見て動顚して帰って来ると、愛しい息子が殺されている、というのである。しかし、この女性の行為を、三島は嫉妬などではない、としている。それは「復讐《ふくしゅう》の行為にさえ彼女を駆り立てるところの彼女自身の生を確証しようとする意志である」と断定する。

いかにも近代ふうの解釈だが、この断定には裏付けがあると思う。舞台を日本の戦後に持って来たため、こんなふうな言葉になってはいるが、三島はメディアの子殺しは嫉妬などではなく、女性の矜《ほこ》りによるものである、と言いたかったのだろう。

事実、エウリピデスの戯曲では、イアソンがこの新しい結婚によって、お前の子供をギリシアの名門コリントス王家の血のなかへ繰入れてやろうと考えているのだ、というのに対してメディアがいたく反撥するところがある。

イアソンはメディアを蕃族の血筋だと見ているが、彼女としては、れっきとした日の神ヘリオスの孫だという思いがある。矜持はそこから来る、と三島は捉えたのだろう。わたしもそれに賛成である。しかし、最近、もう一歩、この問題を踏みこんで捉えたい気持が動いている。

子は誰のもの

メディアがコリントスを去るに及んで、子供を殺したことについては「子供らを敵の辱めに任せ」ないためと、イアソンを苦しめるためであったと、はっきり言うところがある。イアソンは子供の死に歎き悲しみ、せめて遺骸を渡してくれと懇願するが、メディアは子供を抱いて竜車に乗ったまま、その願いを斥《しりぞ》ける。戯曲では、そこはこんなふうになっている。

イアソン　おお、愛し児よ、愛し児よ。
メディア　わたくしの、愛し児です。
イアソン　ではなぜに、手にかけた。
メディア　あなたを苦しめようために。
イアソン　子供らの可愛い口に
　　ああせめて、口づけがしたいもの。
メディア　今ごろ子らに呼びかけて、可愛いなどと言えたもの、
　　前には捨てておきながら。

この台詞ではっきりしていることは、メディアが子供は自分のものだ、と言っていることである。さらに、子供を自分のものとしたい男に対して、それを苦しめる最良の方法は子供を渡さないで殺してしまうことだと考えていることである。

これは、母権、母系の社会が、父権、父系の社会へ移行して行くときの摩擦の象徴的な表われである。イアソンがコリントスの王女と結婚して、そのあいだに生まれた子供と、メディアとのあいだに生まれた子供を兄弟にしようとした。母系社会を崩して、父系社会にしようとする試みである。メディアの物語は、この動きに対して、否《いな》を言うところに生じたとも言える。

またメディアは、殺した子供をヘラ女神の神殿に葬ったあと、竜車に乗ってアテーナイに飛ぶ。アテーナイに行った理由を、エウリピデスの戯曲では、アテーナイ王アイゲウスが迎え入れる約束をしたからだとしている。

アイゲウスはイアソンの理不尽な振舞いに怒りメディアに同情し、メディアは、アイゲウスの子種のない歎きを聞き、子を得さしめる薬を知っている、と話を持ちかけ、アイゲウスに自分を受け入れるよう誓わせている。

アテーナイに到着したメディアはアイゲウスの館に入り、彼の妻になる。そこへアイゲウスの子と名告《なの》るテーセウスがやって来る。テーセウスはアテネ人たちの国民的英雄であるが、出生がちょっとややこしい。

　以前、アイゲウスは子供に恵まれないのを苦にしてデルポイの神託を伺ったところ、酒袋の突き出ている口を解くことなかれ、という答を得たが意味がわからない。真意を解こうとトロイゼン王ピッテウスのところへ寄った。ピッテウスは神意を覚り、彼を酔わせて娘アイトラーと共に寝かせた。その夜、アイトラーはアテナ女神の送った夢に欺されて夜の神殿に犠牲を捧げに出かけて海神ポセイドンに犯されて子供を身ごもる。これがアイゲウスの子とされた。アイゲウスは、生まれた子が男子であれば誰の子か言わずに育てるように命じた。丁度その折、アテーナイ王の王位継承権で揉めごとがあったからである。そしてある岩の下にサンダルと刀を隠し、子供が成長してこの岩が動かせるようになったら、この品と共に子供を送り出すように命じた。

　生まれた子はテーセウスと名付けられ、十六歳になったとき、やすやすとこの岩を動かしサンダルと刀を持って出発し、冒険しながらアテーナイに辿り着いた。メディアにはすぐテーセウスの素性がわかったが、わが子と知らずテーセウスを恐れているアイゲウスに、あの青年は陰謀を企てているから用心するように告げ口する。そこでアイゲウスはテーセウスにマラトンの猛牛退治を課す。テーセウスは仕事を果して帰って来た。メディアは、テーセウスの殺害を意図して歓迎の宴を張り、毒薬を混ぜた盃を彼にすすめようとするが、肉を切り分けようとするテーセウスの刀が、自分が与えたものであることに気付いたアイゲウスはメディアの毒杯を叩き落す。計画の破れたメディアは追われて、アイゲウスとのあいだに生まれたメードスを連れてコルキスに帰り、メードスはその地の王になった。

伝承は入り乱れて、特にメディアの子供に関してはさまざまな説があるが、ここではそのことを詳しく紹介はしない。しかし、テーセウスだとて、アイゲウスの本当の子供ではない。本当の子供でない者をも自分の子供にして、父系の社会を打ち建てようとする、過渡期の混乱が透けて見える伝承である。

権力を持つ女・クリュタイメストラ

夫殺し

ギリシア神話の悪女の筆頭に先ずメディアをあげたが、クリュタイメストラもなかなか、引けをとらない悪女である。

クリュタイメストラは、ミュケーナイ王の、夫アガメムノーンがトロイア戦争に遠征している十年ほどのあいだに、夫の従兄弟であるアイギストスと通じた。アガメムノーンは、自分の留守中の妻の監視役に、吟唱詩人デモドコスを付けたが二人の仲を阻止できなかった、とも言われる。

クリュタイメストラはアガメムノーンとのあいだに、イピゲネイア、クリュソテミス、エレクトラ、オレステスの四人の子供を儲けていた。戦争の初め、アウリスにギリシア軍が集まってトロイアに向けての出発を待っていたが風が吹かないので、人身御供として長女のイピゲネイアをアルテミスの神殿に捧げた。そのとき、イピゲネイアを、英雄のアキレウスと結婚させると言って欺して呼び寄せて殺したので、これが後々、クリュタイメストラがアガメムノーンを裏切る原因になったとする説もある。

ともかく、アイギストスと夫婦になったクリュタイメストラは彼をミュケーナイの王に立て、人びとにも布告していた。そこへ、十年の遠征を終えてアガメムノーンが凱旋して来る。

クリュタイメストラはアイギストスと謀《はか》ってアガメムノーンに長征の疲れを癒すようすすめて、先ず湯殿に案内する。アガメムノーンが湯浴みを終えて出て来たところ、着替えの下着を差し出す。しかし、この下着は、首の個所と手首のそれが縫いつけてあった。首と手が出ないでまごまごしているアガメムノーンを、アイギストスとクリュタイメストラの二人で刺し殺す。他に、アイギストスが湯殿のアガメムノーンに網を投げて、脱出しようともがいているところをクリュタイメストラが斧で打ち殺した、という説もある。

しかし、この夫殺しを、今日の観点から裁いて、不倫の悪女、としてしまうわけにはいかない。

そもそも、アガメムノーンとクリュタイメストラの結婚の成り立ちから、それは考える必要があるのだ。

クリュタイメストラはテュンダレオス（ゼウス説もある）とレダの娘である。はじめテュエステスの子タンタロスと結婚していたが、アガメムノーンがやって来て、タンタロスを殺し、さらにクリュタイメストラとタンタロスのあいだの子供を殺し、アガメムノーンはクリュタイメストラと夫婦になり、ミュケーナイを支配したと、アポロドーロスの『ギリシア神話』には書かれている。アポロドーロスはBC一世紀頃の人で各地の伝承を集めていて、自分の考えで統一していないため、それぞれの伝承間に矛盾がある。しかし、それが逆に、今日、興味深い問題を提起してくれているのである。そのアポロドーロスに従えば、クリュタイメストラの前夫、タンタロスはアイギストスと兄弟である。クリュタイメストラがアイギストスと夫婦になって、前夫の仇をとったことは、いちがいに咎められないのではないか。

アガメムノーン殺しの場面。クラテール（酒と水をまぜる器）の絵。クリュタイメストラが刺すところを描いたレリーフも別にあるが。

ただ、わたしが錯綜するさまざまな伝承を前にして思うことは、はじめにも述べたように、ギリシア神話成立の時代は、男性優位社会成立の時代と深く関わっているから、その観点からクリュタイメストラの夫殺しも考えなければならないということである。

わたし流に、これを分析すれば、中心はクリュタイメストラである。彼女が先ずタンタロスを迎えた。

そこへアガメムノーンがやって来た。タンタロスとクリュタイメストラのあいだの子供を殺して彼女と結婚した。ということは、丁度動物、たとえばライオンの群れなどに見られるように、群れのなかの雄を、他の雄がやって来て殺したとき、同時にその群れのなかの、子ライオンを一斉に殺して、群れの雄に納まる、あの構造に似ている。

ギリシア神話の世界は、換言すれば、動物のような母系家族から次第に今日の人間社会へと独自の変化を遂げようとしていた過程のなかでの歪《ひず》みの表われなのである。従って夫殺しのクリュタイメストラも、この観点から眺めれば、男性社会が裁いた悪女のイメージとは異るものが見えて来るはずである。ある意味で彼女はその地方の中心であり、権力を持っていた女王だったのではあるまいか。

悪の権化

しかし、男性優位社会を成立させるためには、クリュタイメストラのような夫殺しの悪女を、このまま放置しておくわけにはいかない。この女がどんなに悪い女であるかを、男たちはさまざまに描写した。

アイスキュロスの悲劇『アガメムノーン』から紹介しよう。

「なんてまあ大それた所業か、女の身で夫の殺し手などとは。そうだわねえ、なんてその嫌らしい獣を呼んだらぴったりするかしら。双頭の蛇か、それとも岩のあいだに棲むスキュラとでも、あの船乗りたちを取って喰うという、――荒《すさ》び狂う黄泉《よみ》の母御か、身内の者に対して容赦のない闘いを挑みかける」

またエウリピデスはその『エレクトラ』のなかで、コロス（合唱隊）に次のように歌わせる。

「そもいかなる悪の、あわれや、
この女にのりうつりしかは知らず。
山居《やまい》して、湿地の繁みに獲物とる、
雌獅子のたぐいか、このことをなす。」

いずれも夫殺しを、女の身で大それた所業だと言い、その行為を獣にたとえているところに注意しよう。

ちなみにスキュラというのはカリュブデス（海の渦巻の擬人化された怪物の女）と向かいあった洞穴に棲むやはり怪物の女である。カリュブデスが一日に三度、そこを通りかかった船を呑みこみ、三度吐き出すと、向かいに居るスキュラがこれを食べるというのである。スキュラは三重の歯を有する六つの頭と十二の足を持ち、船が近付くと一時に六人の船乗りを取って喰った。クリュタイメストラは美女であったかどうかは定かでないが、スキュラにたとえられては可哀そうである。しかし男たちが、航行中の海の恐怖を怪物の女にみなしていたとすれば、陸の怪物の女王クリュタイメストラが、スキュラにたとえられても観客は納得していたのかもしれない。

アイスキュロスの悲劇では、夫を殺したあと、クリュタイメストラは舞台の正面に出て来る。アルゴスの長老たちに向かいあう。アイスキュロスはミュケーナイ城という言葉を使わず、その主都であるアルゴス城と呼んでいる。ギリシア遺跡めぐりでは、必ずスポットに入っているあの獅子門のあるミュケーナイ城がその場所と推定されている。

「私にとってこの手合せはとうの昔から、その昔の諍《いさか》いを心から忘れ得ぬ身に、やって来たのです、いかにも遅くはあったけれど。うち倒したその場に私は立っています、成し遂げた仕事を前に」

作者はそのあと、クリュタイメストラに娘イピゲネイアを殺された恨みなどを、めんめんと述べさせているけれども、わたしは、それは伝承のクリュタイメストラの大きさを、作者が何とかして、作者の生きていた時代の女性像のなかへ押しこもうとした結果のように思えてならない。クリュタイメストラは、男が支配しようとするミュケーナイの地で、最後の女王の権威を見せたのである。夫殺しという残酷なやりかたではあったけれども。

わたしはこの事件に関して、これまでの男性諸氏のコメントとは異なる意見を持っている。帰還して来て、妻が他の男性と夫婦になっていたのであれば、夫は、その場から逃げ出せばよかったのだ。と言うよりも、そもそも帰還する、ということ自体が間違っている。トロイア戦争に出かけて行って、そこの王を殺して勝利したのなら、その地で、王の妃を妻にして王位に即《つ》けばよかったのだ。敗ければ、そこで野垂れ死だから、それが太古の動物の世界の秩序とあまりかけ離れなかった人間の生きかたではなかったのか。

しかし、男性優位社会成立へと傾いている人間の意識は、そうは動かなかった。戦争して勝つと、敗けた国の富を勝った者たちが分配して所有するのはもちろんだが、女性もそのなかに入っている。女性も戦利品である。だから妻にする。自分が妻の許《もと》へ帰還しようとするから、相手の女性は妾になるのである。アイスキュロスの悲劇のなかではクリュタイメストラがアガメムノーンを殺したもう一つの理由に、トロイアの王女カッサンドラを妾として連れて帰って来たのに嫉妬したことになっている。が、男性の観点から言えば嫉妬だけれども、わたしには、古い秩序を破壊したものへの女性の怒りと見えて来る。

子によって殺される母

アガメムノーンが殺されてから数年後、息子のオレステスが父の仇を討つためにミュケーナイに帰って来る。このオレステスが他の国にやられていた理由は明瞭でない。将来、仇を討つために他国に逃れていたとするもの、単に縁続きの王のところへ預けられたとするもの、取り立てて明らかにしないものなどなど。しかしわたしは単純に考えて、母権の社会にあっては、男の子は成人すると、その共同体を離れて他の共同体へ入って行った社会構造が裏にあったと考えている。エレクトラなど女の子はミュケーナイにいたのだから。

ところでオレステスが父の仇として母を殺す話は、古代ギリシアにおいて余程重大な事件であったらしく、アイスキュロス、ソポクレス、エウリピデスの三大悲劇作家がいずれも取り扱っている。しかもそれぞれ、その扱いに共通点と異る点がある。

三者の共通点は、父の仇として母を殺せという命令が、強調するしないにかかわらず、アポロン神の指示によるものだということだ。これは押さえておかねばならない点だ。父の仇としてアイギストスを殺す、これは問題のないところだが、母を殺すことについては三者ともにかなり悩んでいる。

先ず、アイスキュロスはその殺しの場面を母と息子の激しい応酬に仕立てた。クリュタイメストラは胸をはだけ、乳房を露わにして、この乳を吸って育ったお前ではないか、と叫ぶ。これにはオレステスも怯《ひる》んで、いっしょに仇討に参加している従兄弟のピュラデスに「どうしたものか、母親を殺すというのは憚《はばか》らなけりゃなるまいか」と言う。するとピュラデスはここで引っこんでは「どうなるんだ、これから先、アポロン神の予言は。デルポイの御社の神託や、立派に誓いをした、その信実《まこと》は」と励ます。

ソポクレスの方は、オレステスの母親殺しよりも娘のエレクトラの母への憎しみ、父への愛慕を強調している。ソポクレスは、娘の目からクリュタイメストラの行為を弾劾するのだ。

「(わたしは)第一に、生みの母との間が、たまらないほど厭わしいものになっているし、その上自分の家で父の仇敵《かたき》と一緒に住んで、その仇敵に召使われ、食べさせられ、飢えさせられているのです。アイギストスが父の坐っていた椅子に坐り、父の着ていた着物をつけ、父を手にかけた同じ場所で竈《かまど》の神にお神酒《みき》を灌《そそ》いでいるのを見ているわたしの毎日の生活、いいえそれより一番許せないのは、父の下手人が父の臥床《ふしど》で情ない母と——こんな男と共寝をする女を母と呼ばなければならないのなら——一緒に寝《やす》んでいるのを見ているわたしの日々がどんなか判って下さるかしら」と歎く。

オレステスが母を殺す場面は舞台には現われず、二、三回、クリュタイメストラの哀願があってから、オレステスとピュラデスが血塗《ちまみ》れになって出て来る。エレクトラが声をかけるとオレステスが「中のことはうまくいきました。アポロンのお告げが正しいものであったのなら」と言う。

エウリピデスの場合は、かなり悩み深い。やはり舞台裏で殺されるのだが、コロスたちが二手に分れて発言しあう。一方が「おお、いたわしいことだ、わたしらでさえ心が痛む、わが子のために手ごめにされるとは」と言うと、もう一方が「やっぱり神さまは、機会をみて、正義のさばきをつけて下さるのだ。なるほどあんたは、無残な目にあったが、しかし自分でも、なさけないことに、非道を夫に対して働いたのだ」と反論するように言う。実際に手を下した姉弟も狂乱状態だ。オレステスが「ああ、たまらないことだ、ぼくたちを生んでくれた肢体は地にひざまずいていたのだ。それだのに、その髪の毛をぼくは……」と泣けば、エレクトラが「そして叫ぶように言ったあの声、わたしのあごに手をかけて、ね、お前、堪忍して、と言った声」と歎く。

夫殺しは裁かれねばならないが、それが子供による母殺しという形で成就されなければならないことの意味が次に問われる。三人の劇作家たちがそれぞれに、それぞれのやりかたで結論を出しているが、共通点は、肉親殺しを裁く古い神、エリーニュエス（復讐の女神たち）への恐れだ。

母殺し・恐れと正当化

復讐の女神たち、エリーニュエスの役目については第三章で詳しく述べる。ここでは各劇作家たちが、母親殺しをどのように恐れ、その恐れをどのように正当化しようとしたかを見てみよう。

先ず、アイスキュロスではオレステスがエリーニュエス、復讐の女神たちに追われて気が狂ってアポロン神殿に逃げこむ。そこで母親の亡霊に出会って震えあがりアポロンにすがって、この神の助けで裁判の場で審判されることになる。審判については、これもエリーニュエスの項目で述べる。一種の当時の社会の意識改革が行われた事件だからである。

オレステスが恐いのはエリーニュエスだが、アポロンの神託に従って母殺しをしたのだと正当化する。しかしわたしが現代の立場からこれを見ると、夫殺しを罰するのなら、別のやりかたで、つまり、子供に父の仇討をさせるという形でなくともよかったのではないかと思うのだが、この時代においては、子供に、母よりも父が大事という意識を植えつけるために、どうしても、この子供による母殺しが望まれていたのだろう。アイスキュロスは、エリーニュエス対アポロンという問題提起で、父親優位のアポロンの主張を勝ちとして結着をつけている。

ソポクレスは、前述したように、エレクトラに焦点が当たっているので、母と娘の関係で展開される。ソポクレスは徹頭徹尾、父を尊敬し、父を愛する娘の立場で母を裁かせるので母を殺した苦悩があまり語られない。

エウリピデスはアイスキュロスやソポクレスのあとに出て来た劇作家である。すでに先輩作家たちがこの事件を繰返し題材にしているので、彼らには無い新機軸を出している。しかしここは戯曲研究の場ではないので、エウリピデス独特の男性優位社会擁護論がまともに語られる個所だけを紹介するに留めよう。

エウリピデスの『オレステス』では、クリュタイメストラの実際の父、オレステスの祖父にあたるテュンダレオスが登場する。老人は「母を不正なりと考えたのは正しいが、母殺しにより自身は母以上の悪人となった」として、オレステスがミュケーナイの人たちによって投石の刑に処せられても仕方のないことだと言う。しかし、オレステスは反撥する。もっとも、この台詞は母親を殺した息子が陳述するにはあまりに堂々としすぎている。エウリピデス自身の社会批判ととるべきだろう。

「さて、投石の刑でわたしが殺されるべきだと、あなたは嚇されますが、これについてはいかにわたしが全ヘラス（ギリシアのこと）を益したかをお聞き下さい。

なぜなら、女どもが大胆不敵にも男を殺し、乳房なんかを見せつけてうまうまと憐れみを買い、子供のもとに逃げるならば、夫殺しなぞわけないこと、——ちょっとした口実をもうければよいのですから。だがわたしは、あなたが仰々しくおっしゃる残虐行為をやってのけ、このならいができるのを防いだのです。母を憎んで正当にも倒したのです、なぜなら彼女は、全ヘラスのために館をあけ武器をとって戦さに赴いた夫を裏切り、閨《ねや》を清純に保ちませんでした。しかもその罪を知りながら自ら罰を受けようとはせず、夫から罰せられまいとして、わたしの父上を殺害しました。しかし神かけて――殺人を裁くのに神を呼ぶのは、ふさわしいことではありませんけど――、万が一にも母の仕業をだまって認めていたとするならば、殺されたお方はわたしをどうされたでしょう。

〈中略〉

ご存じでしょう、オデュッセウスの妻をテレマコス（オデュッセウスの息子）は殺していません。彼女は別の夫に嫁ぐような真似はせず、夫婦の床は、無事館にあるのです」

と、ここで突然、オデュッセウスの妻なるものが引きあいに出される。この台詞からも明らかなように、夫が戦争に出ているあいだ妻はどうすべきかという問題が、エウリピデスの時代に、新しい課題となって突きつけられていたのだろう。当時アテーナイは、トロイア戦争ならぬペロポネソス戦争の真っ只中であったのだから。

夫を待つ妻もいた？

男たちのこしらえた神話は、クリュタイメストラのような女性ばかりでは大変と、別の物語を用意している。先きの台詞に出て来たオデュッセウスの妻、ペネロペである。

この女性はクリュタイメストラの従姉妹だ。クリュタイメストラの母レダは白鳥に身を変じたゼウスと交わって卵を生んだりする女性で、半神半人の面を持っているが、ペネロペの母親も水のニンフである。いずれも女性が生まれた土地に定着していて、そこへ男性がやって来て、婚姻が成立し、子供が生まれるという、太古の社会の面影を色濃く残した伝説上の女性である。

しかしペネロペの場合、太古の社会の女性としては少し様子が異る。彼女はオデュッセウスのところへ嫁に行くのである。このことからして、この物語が男性優位社会成立の上で重要な役割を果していることになるのだが、とにかく、戦争に出かけた夫の留守中にできた愛人といっしょに、帰還して来た夫を殺すクリュタイメストラとは、正反対。トロイア戦争終結のあと、二十年も各地をさ迷ったあと帰還した夫を、数多《あまた》の求婚者たちを斥《しりぞ》けながら、貞淑に待ち続ける妻、という役割がペネロペなのである。

その上、息子のテレマコスが成人して家を取りしきっている。これはホメロスの『オデュッセイアー』の初めの方に出て来る場面だが、アテナ女神が客の姿になってオデュッセウスの留守宅で開かれている宴会にやって来て、いろいろ忠告するところがある。

「まず求婚者らには、自分の家へ退散するよう求める一方《いっぽう》、母上には、もし御自身が結婚へと気がお進みというのであれば、たいそう物持だという父御の館《やかた》へ、お引き取りを願うがよい。さすれば実家《さと》の方々が、婚儀の支度も整えられよう、また持参の財《かね》もずいぶんたんと用意なさろう、愛《いと》しい娘につけてやるのに応《ふさ》わしいだけ。」

これはもう、現代の結婚制度とたいして変りのない発想である。物語は進み、さらに宴がたけなわになって、高名な伶人《うたいて》がトロイア戦争の帰途の痛ましい話を物語る段になった。それを聞きつけたペネロペが二階から降りて来て、その謡《うた》を聞くと苦しいから止めてくれと言う。すると息子のテレマコスが、こんなふうに母をたしなめるのである。

「……世間の者がとりわけてもてはやすのは、聴衆《ききて》の耳にこと新しく、響いてみえる曲《ふし》なのが常のならわし、それゆえあなたも気を取り直し、確《しっ》かとお聴きが宜しいでしょう。もとよりトロイアの里で、帰国の秋《とき》を失ったのは、オデュッセウスだけではなし、命《いのち》を落した勇士らは他にも多勢《おおぜい》いることですから。それより奥へ引き取られ、御自分の受持つ仕事をなさいましょう、機《はた》を織るなり糸を繰《く》るなり。侍女たちへも仕事に精を出すよう指図《さしず》なさって下さい。物語りは男たちが一同して引き受けましょう、とりわけ私が。この屋敷では私が主人《あるじ》なのですから。」

これを聞いて、ペネロペは、息子が分別を持って成長して来たことを喜んで、侍女と共に自室へ引きさがり、夫の思い出の涙にくれながら眠るのである。

ここには、もう太古の母権の時代の逞しい女の姿は無い。わたしは圧倒的なクリュタイメストラの悪女に対抗して、ペネロペを必死で持ちあげた男たちの意識構造を、むしろきわめて興味あるものに思うのである。

絶世の美女・ヘレネ

美女誕生

ヘレネは悪女クリュタイメストラと姉妹である。つまりテュンダレオスとレダのあいだの子供である。しかし、神話のなかでは、大神ゼウスが白鳥の姿となってレダに近付き、交わって生まれた娘だと言われている。

また、もう一つ別の神話ではこんなふうになっている。ゼウスが夜の娘ネメシスという女神に恋をして追っかけた。ネメシスはさまざまに姿を変えて逃げ、遂に鵞鳥《がちょう》になったところ、ゼウスも白鳥になって彼女と交わった。女神は二個の卵を生んだ。羊飼がこれを見つけてレダに献上したところ、一個の卵からヘレネとポリュデウケス（男児）ともう一個の卵からはクリュタイメストラとカストール（男児）が生まれた。

さらに、卵から生まれたのはヘレネと二人の男の子で、クリュタイメストラは普通に生まれたとか、レダは白鳥に化けたゼウスと交わった同じその夜、テュンダレオスとも交わったので、ゼウスからはヘレネとポリュデウケスが、テュンダレオスからはクリュタイメストラとカストールが生まれたとか、さまざまな説が入り乱れている。しかし、クリュタイメストラとヘレネがテュンダレオスの許《もと》に留まり、男の子たちはディオスクロイ（ゼウスの息子たち）と呼ばれて、神々と人間のあいだを往復して暮らしていることは一致している。

クリュタイメストラの項でも少し触れたことだが、太古の母権の時代にあっては、女性がその土地、あるいは家に定着していて、夫が他からやって来る。従って、夫が複数ということもしばしばあるわけで、相手がわかる場合もあるしわからない場合もある。また夫が留守中で相手をはっきりさせることを憚かる場合もある。こういうときは神様のせいになる。

ヘレネは成長するに従って、類いまれな美しさを持つ少女となった。この美少女を、メディアのところで触れた、アテーナイ王アイゲウスの息子（実はポセイドンの息子）テーセウスが奪う話がある。

テーセウスはテッサリアのラピタイ族の王ペイリトオスと仲よくなり（このいきさつは余談になるので省くが）、二人とも、おのおのゼウスの娘と結婚する約束をする。

何だか変な約束だが、ゼウスの娘と言えばだいたいが王族の女性が生んでいるはずだから、良縁を手に入れようとする男たちの気負った約束でもあったろうか。

テーセウスは先ず、自分のために十歳の美少女ヘレネを奪って母アイトラーに預けて、自分はペイリトオスといっしょに冥府に下った。ペイリトオスの目的が、冥界の王ハデスの妃になっているペルセポネ（ゼウス大神とデメテル女神の娘、デメテル女神については後に述べる）だったからである。

ところがテーセウスの留守中に、ヘレネの兄弟、ディオスクロイがラケダイモーン（スパルタ）人やアルカディア人を動員してアテーナイに侵入し、ヘレネを取り返した。一方、テーセウスとペイリトオスは冥府に行ったが、彼らを歓待すると見せかけたハデス王に椅子をすすめられる。しかし、それは忘却の椅子で二人が坐るとぴったりと貼りついて離れなくなってしまった。椅子から離れられない彼らを大蛇が取り巻いた。ペイリトオスはそのまま地獄に留まった。テーセウスはヘラクレスが冥府に下りて来たときに助け出されてアテーナイに戻ったが、その後の話をするときりがない。ここは、美少女ヘレネが兄弟の力でラケダイモーンに戻ったことを確認するだけにしておこう。

婿選びと不倫騒動

ヘレネが適齢期になると、ギリシア中から王たち、英雄たちが求婚にやって来た。父のテュンダレオスは、彼がこのうちの一人を選べば必ず争いが起こる、どころか後々にもしこりを残すにちがいないと恐れて、知恵者と言われているオデュッセウスに相談した。

オデュッセウスは、婿は求婚者たちのなかからヘレネが選ぶこと、そして誰が婿になっても、その選ばれた者が他から害を蒙ったとき、求婚者たちは全員、彼に助力することを先ず誓わせた。それからヘレネを呼んで婿選びをさせた。ヘレネはアガメムノーンの弟であるメネラオスを選んだ。メネラオスはヘレネと結婚してテュンダレオスの所領であるスパルタの王となった。

何年か経った。或る日、トロイアの王子パリスがラケダイモーンにやって来て、メネラオスの館に滞在した。パリスはホメロスが「神とも見まがう」と形容している美男子である。メネラオスもなかなかの美男らしく表現されているが、パリスはそれ以上、匂い立つ若者である。一方ヘレネは絶世の美女。二人は出会ったとたんから互いに好意を感じた。そこへ折悪しく、というか、チャンス到来というか、メネラオスの母方の父王が死に、メネラオスはその葬儀にクレタ島に赴かねばならなくなる。

メネラオスが家を離れるや、二人は雪崩れ落ちるように恋に溺れて、ヘレネは九歳の娘ヘルミオネを置いて、多くの財宝と共にパリスの手をとって夜のあいだに海に出た。ここから順風に乗って三日間でトロイアに着いたとも、暴風雨でフェニキアまでもって行かれて、そこの王に歓待されたにもかかわらず、王家の財宝を奪って逃げ、追手と戦いながらトロイアに帰ったとも、メネラオスが追って来たのでその追跡を逃れ、フェニキアとキプロスで長いあいだ日を送ってからトロイアへ帰ったとも、いろいろな説がある。

また二人の駈落ちだけれども、わたしなどはごく自然な不倫だと思うのだが、男たちは、どうも美女を悪女にはしたくないらしく、パリスとの恋も、神々の争いのなかに捲きこまれた不可抗力であったかのごとき伝説もある。

いわゆる「パリス審判」の話である。御存知の方も多いと思う。この話はアプロディテの項で詳しく述べたい。とにかく三人の女神、ヘラ、アテナ、アプロディテが美を競い、その審判をパリスに頼んだ。パリスが世界一の美女ヘレネとの恋を可能にしてやるというアプロディテの言葉に動かされて、アプロディテをもっとも美しい女神に選んだことがこの不倫事件の起りである。アプロディテが動いて二人の恋を可能にしたのだ。

さあ、しかしこうなると世界一の美女である妻を奪られてしまったメネラオスとしては、取り返さねば面目が立たない。そこで婿選びのときの盟約を思い出した。ヘレネの婿になる者に誰か他の者が害を及ぼしたときは、求愛者たちは全員、婿を助けるという、あの盟約である。

メネラオスは先ず、兄であるミュケーナイ王アガメムノーンにこのことを相談した。アガメムノーンは、トロイアの白面の王子ごときに妻を寝とられて引っこんでいて、やがてはギリシア中に妻を奪われても泣き寝入りする男が殖えるようになっては困る、とここで正義の旗を飜えして全ギリシアの王や英雄たちに檄文を飛ばした。

王や英雄たちのなかには、十年前の盟約を覚えていて、すぐさま駈けつけてくれる者もいたが、言を左右して加わらない者もいた。早い話、盟約の言い出しっぺのオデュッセウスがそうだった。この盟約の御礼としてテュンダレオスの口利きでペネロペを妻に得ておきながら、最初は狂気をよそおって逃げていた。しかし、それもばれて、メネラオスと共に遠征参加を呼びかける側に廻った。王や英雄たちも何だかだと言いながら、結局、一人別行動するわけにもいかず、軍は次第に結集してトロイアを目指すこととなったのである。

トロイア戦争

トロイア戦争という十年にわたる大戦争が、物語ではなく、実際にあったとすれば（そして、実際にあったと、最近、いろいろと考古学的な裏付も出ているのだが）それは単に、一人の王妃の奪還だけが理由ではなかったろう。

トロイアというのは、現在のトルコのチャナッカレという町の近辺と推定されている。ヨーロッパ大陸とアジア大陸を分けるダーダネルス海峡に面した地域である。従ってギリシアの王や英雄たちが、この地に勢力を伸ばそうと考えていたことは隠れもない事実だ。王妃奪還は戦争のための一つの理由にされたに過ぎない。

しかしもちろん、物語としてはこれがもっとも重要なところなので、『イーリアス』では第三書のパリスとメネラオスの一騎打が一つのハイライトである。

両軍が互いに接近したとき、メネラオスはパリスの姿を見かける。よき敵ござんなれ、と言ったところ、軍記物の愉しさで、当時の人びとが、息を呑んで聞いたであろう、戦いの有様が詳細に語られる。だがわたしの目的は『イーリアス』の紹介ではないのでここは割愛する。

メネラオスがパリスの姿を見かけ、武具をつけたまま馬車から跳び降りると、パリスの方は「おのが胆をひやして、朋輩の群のあいだへ」と隠れてしまう。

この有様を見て怒ったのはパリスの兄の勇敢なヘクトールだ。

「不埒《ふらち》なパリスめ、姿はひとに優《すぐ》れていても、女狂いのごますり者が、まったくお前が生まれても来ず、嫁もとらずに死ねばよかった。実際それが望ましかった、そしたらずっと得《とく》だったろうに。こんなに他《ひと》へ累を及ぼし、疑《うたが》いの眼で見られるよりは。」

痛罵されてパリスも黙っていられなくなり、両軍の兵を斥《しりぞ》けて、自分とメネラオスの二人だけで「ヘレネーや　あらゆる財宝《たから》を的《まと》に　闘わせてくれ」、そして、勝った方が「よろしくあらゆる財宝や妻をも獲て、家へ連れてゆくことにしよう」と言う。

わたしは妻と財宝が一つのものとして考えられていることに母権の名残りを読みとり、女性と土地が分ちがたかった時代からの経過としてこれを捉えて、この表現には興味を持っているのだが、それはさておき、兵士たちはこれで結着がつくと大喜び。

しかし、この戦いは両軍にそれぞれ神々が加わっているので、簡単に事は運ばない。一騎打はメネラオス優勢で、青銅の槍でうち殺そうと躍りかかったところを、女神アプロディテが現われて、パリスをさらって彼の館の奥の間へと連れて行く。それからヘレネの昔の召使いに姿を似せて、ヘレネを連れ出し、パリスに会わせる。ヘレネは、パリスが戦いを脱け出して来たことを詰《なじ》るが、彼の口舌に負け、二人で閨へ入って行く。愛の神アプロディテがそのようにしつらえたのである。

というわけで戦争はなかなか結着がつかず、十年の長きにわたったのだが、例の木馬の策略でギリシア軍は勝利を収める。御存知の方も多いと思うが、「トロイアの木馬」の話である。

ギリシア軍は巨大な木馬をつくってそのなかに兵を入れ、それを浜辺に放置して、戦いを諦らめて出航するように見せかけた。そしてオデュッセウスの身内の一人の男を残して、言葉巧みに木馬をトロイアの城内に引き入れさせてしまう。この木馬は、ギリシア人たちがアテナ女神に捧げたものであるが、トロイア人が城内に引き入れられないように大きくつくってある、何故なら、この木馬をトロイア人たちが崇拝すると、戦いに不敗となるからである、と。それを聞いたトロイア方が、城壁を壊して木馬をなかへ入れたのだ。

トロイア方が、これでもうギリシア軍は去ったと思い気を許したところへ、木馬の腹から飛び出したギリシア兵たちが狼火《のろし》をあげ味方を呼び寄せ、トロイア城に火を放つ。城は炎上し、トロイアは陥落する。主だった将軍たちは死に、パリスも弓で射られて、昔の妻のいる山へ逃れるのだが拒否され、再びトロイアへ戻る途中で死ぬ。

ヘレネの浮気が原因で起こったトロイア戦争は、木馬の計略でギリシア軍の勝利。これはミコノス島から出土した大きな壺の浮彫り。

女たちが怨んだ悪女

戦いに敗れて男たちが死んでしまった国の女たちは哀れである。エウリピデスの『トロイアの女』は、敗戦国の女の悲惨を描いた古今の名作である。ただここでは、繰返すように演劇を鑑賞するわけではないので、トロイア戦争の引き金となった美女ヘレネを、トロイアの女たちがどんな言葉で怨んだかを、エウリピデスの台詞のなかから拾い出してみよう。

先ずトロイアの老王妃、パリスの母のヘカベの歎きである。王妃は先ず、自分の子供たちや自分の夫が、無残に討たれたこと、また娘たちが「思いもよらぬ男どもの手に奪い去られてしま」い、自分はと言えば、これからの老いの身をギリシアで婢女《はしため》として過ごさねばならないと悔む。「たった一人の女の婚礼のゆえに、かくまで苦しみ、なお先々まで苦しまねばならぬとは、何というくやしいことであろう」と言う。

ヘクトールの子、つまり老王妃ヘカベの孫の幼い男の子が殺されたりするなか、メネラオスが、捕虜となったトロイアの女たちといっしょにいるヘレネを引き取りにやって来る。

「苦しい戦いの末、やっと奪い返した仲間の者たちが、成敗するもよし、また殺さずにギリシアへ連れて帰るもよしと、俺にまかせてくれたのだ。

しかし俺はこのトロイアではヘレネめの生命を奪うことをやめ、海を越えヘラスの地に連れ戻った上で、この女ゆえにイリオン（トロイアのこと）の露と消えた同志の霊を弔うため仕置きさせることに腹をきめた」

と言う。

しかし、ヘカベは、メネラオスに、「そなたの妻を成敗しようというのはまことに見上げたお心じゃが、その女の顔は見られぬがよい、見ればまた恋しさに心が惹かれますぞ。その女の美しい顔は、男の心を捕え、国を亡ぼし、家を焼かねば止まぬ恐ろしい魔力をもっている」と忠告する。
ヘカベの忠告通り、美しく化粧したヘレネが現われると、メネラオスの気持は挫けてしまう。メロメロになったメネラオスは自分の船にヘレネを同乗させてトロイアを出発する。しかし、なかなかすんなりと帰国はできない。途中、トラキアの海岸で足止めされているとき、コロスであるトロイアの女たちが、パリスとヘレネの結び付きを怨んで呪いの言葉を連らねる（『ヘカベ』）。

「国からわたしを追い
破滅させ家から追うた
この縁《えにし》は、縁《えにし》ではのうて
まがつ神が禍いじゃ。
あの女を海も連れ戻すな、
父祖の館に
かえれぬように。」

もちろん、勝った国の女たちだって、ヘレネを憎んでいる。エウリピデスの『オレステス』

のなかで、アルゴスへ帰って来たヘレネが、姉であるクリュタイメストラの墓まいりに、エレクトラに同道を求める場面で、こんなやりとりがある。

エレクトラ 身内のお墓へ行くことが、おできにならないのですか。
ヘレネ アルゴスの人々に姿を見られるのが恥ずかしくて。
エレクトラ 今ようやく正しい思慮をなさいます、あのときは醜い仕方で館を出ながら。
ヘレネ ごもっともです。が、わたしには嬉しくないその口のきき方。
エレクトラ そのミュケナイの人々に恥じるとは、一体どんなお気持です。
ヘレネ イリオン城下で滅んだ人々の父たちが恐しくて。
エレクトラ 恐しいことですもの。――アルゴスであなたの名が人々の口から叫ばれるひびきときたら。

しかし、これほど憎まれる条件を揃えていながら、ヘレネは、その姉の夫殺しのクリュタイメストラや、子殺しのメディアほどには文学作品のなかでは悪く描かれていない。なかには、ヘレネの不倫は無かったという説まである。

美女は悪女ではない？

きわめて不思議なことだが、女性蔑視者で女性の悪口を書きまくっているようなエウリピデスが、何故か、ヘレネにだけは甘い。もちろん、先きにもあげたように登場人物の女性たちの口を藉《か》りて、ちょっとした悪口は言うけれども、本質的にヘレネを否定はしていない。わたしも別に、ヘレネの不倫をいちがいに悪いという者ではないが、女性の不倫に手厳しい男たちが、美女であればそれも仕方ないとする、その反応がおかしい、と思うのである。伝説のヘレネについて、古代の男たちがどんなふうに対処していたかを示す、恰好の小文があるので紹介しよう。訳者である池田美恵氏による『ヘレネ』の解題である。

「エウリピデスはこの作品でヘレネを他の作品におけるような不貞、驕慢な女性とは違って貞淑で情愛深く、十七年ものあいだ、ひたすら夫をおもいその帰りを待ちつづけている、やさしく、けなげな女性として描いている。ここに使われている、トロイアのヘレネが実はトロイアに行ったのではなかったという物語はヘロドトスにもみられるが、シケリアの詩人ステシコロスの語ったと伝えられるところはそれよりもはるかにファンタスティックである。彼がヘレネの不貞を歌ったため神罰をうけて盲目にされ、ヘレネの貞節をうたう詩をつくって視力をとりもどしたとの伝説はあまりにも有名である」

わたしは、これを読んだとき、いささかあっけにとられた。男って、本当に美人に甘い。

ただ歴史家のヘロドトスについては、いま少し詳しく言及しておかなければ誤解を招くことになるだろう。

ヘロドトスは、エウリピデスとほぼ同世代の歴史家だが、ホメロスの『イーリアス』と『オデュッセイアー』を仔細に検討した上で、その矛盾を解決するためにヘレネがトロイアに行ったことにしていないのである。ヘロドトスの叙述は長いので、わたし流に概略を述べるとこんなふうになる。

ヘロドトスは、ヘレネがパリスに連れられて真っ直ぐトロイアに行ったのではないとする。その理由は、エジプトのプロテウスを祀った神域に「異国のアプロディテ」という社があることを発見したからである。プロテウスはエジプト近海に棲む海神で、エジプト王の名にもなっている神だが、この社にある「異国のアプロディテ」というのはヘレネのことだと言う。

パリスはスパルタからヘレネを奪ってトロイアに向かったが、船は烈風に流されエジプトに着いてしまった。このナイルの河口に近い海岸にはヘラクレスの社があって、この社へ逃げこんだ外国人を決して殺さないという習慣があった。パリスの部下たちは反乱を起こしてこの社に逃げこみ、パリスの行状を暴き立てた。プロテウスはこれを聞き、パリスに対して次のような判決を下す。

「かりに予が外国人を殺さぬことを信条としておらぬならば、必ずや予はかのギリシア人（へレネの夫メネラオスのこと）に代ってお前に誅罰を加えたであろうぞ。もてなしを受けながら世にも非道な行為を働いた、この怪《け》しからぬ不埒者め。歓待をしてくれた者の妻に手を出すとは何たることじゃ。しかもなおそれにあきたらず、女を唆《そその》かし夫の許より奪いとって逐電をはかりおった。いやいやそれでもなお足らずとして、恩人の屋敷を荒し財宝を奪って参ったのじゃ。さてしかし、予は外国人を殺さぬことを信条としておる故に、このように致そう。この女と財宝とはお前に持ち去らすわけにはゆかぬ。お前が客となったかのギリシア人が、自身でこの地に参り持ち帰ろうというまで、彼のために予が預かっておく」

というわけで、これが、エジプトの祭司たちの話であるが、ヘレネに関して彼らの語ったところはわたしも賛成だとヘロドトスは記している。そして、自分の意見として、もし、ヘレネがトロイアにいたとすれば、パリスの意志いかんにかかわらず、トロイア側はヘレネをギリシア軍に返した、と考えている。パリスの父親である王も、わが身、わが子たち、わが国まで危険に陥れて、ヘレネとパリスを添い遂げさせようなどとは思わなかったろう、としている。にもかかわらず、十年間もの戦争が続いたのは、ギリシア軍がトロイア側の、ヘレネはここにはいないという言い分を信じなかったせいだと、この歴史家は見ている。

さて、歴史家の言は歴史家の言として、エウリピデスはヘレネをあくまで操《みさお》正しい美しい薄幸な女性として造型した。

先ず、ヘレネはプロテウスが在世中はその身の安全が保証されたが、王の死後、その息子が結婚を迫って来た。ヘレネは操正しく王の息子を拒否し、涙ながらの毎日を送っている。そこへ、トロイアから帰還途中のメネラオスが、エジプトに流れつく。ヘレネに出会い、これまで自分がトロイアでヘレネだと思いこんで連れて来た女は、ヘラ神がヘレネの似姿を雲でこしらえたものだと気付く。ヘラ女神は、ヘレネの結婚のことでアプロディテと争っていたので意地悪をしたのだ。

再会を喜んだメネラオスとヘレネは、王の妹の助けと、ヘレネの策略により、エジプトを脱出してスパルタに帰ることができた。

何だか他愛ない話である。もちろんエウリピデスがこの劇を書いた真意は、ヘレネの話ではなく、もっと別のところにある、とする読みかたもある。これは反戦劇であるというのである。なるほど、そうも受けとれる。長く続いているペロポネソス戦争をトロイア戦争とからめて批判し、戦争というもののつまらなさを力説していると感じられる個所も多くある。それにしても、材料に使われたヘレネが、あまりに男好みにできあがっている。美女は悪女ではない、美しいがために不幸になった女なのだという。いつもは女性蔑視の舌鋒鋭いエウリピデスがヘレネに関してだけ甘いのは、いただけない。もっとも、これも女性蔑視と言えば言えるのだが。

邪恋の王妃・パイドラ

テーセウスとの結婚

パイドラについては、その生まれから説明しなければならない。クレタ王ミノスと王妃パーシパエーの娘である。この母親がひどい女に仕立てられている。メディアなどと血統を同じくする魔法をよくする女なのだが、海神ポセイドンの怒りによって、牡牛に欲情を抱くように仕向けられる。ポセイドンはミノスがその牡牛を献上するという約束を果さなかったことを怒って、ミノスを直接罰する代りにパーシパエーを犠牲にしたのだが、パーシパエーこそいい迷惑だ。日夜牡牛への欲情に悩まされ、遂に、そのときアテーナイから逃れて来ていた工匠のダイダロスに相談して、表を本物の牝牛の皮で掩《おお》った木製の牝牛をつくらせ、そのなかに入って野原でポセイドンの牡牛を待った。やがて草を食べにやって来た牡牛と交わり、パーシパエーは思いをとげる。

そうして生まれたのがミーノータウロスという牛面人身の怪物であった。ミノス王はダイダロスに命じて王宮をつくらせ、その入り組んだ奥の部屋にこの怪物を閉じこめた。いわゆるクレタのクノッソス宮殿の迷宮仕様のお話である。

ただ、わたしとしてはこのお話に異論がある。当時獣姦があったことは想像できる。戦争に行った兵士とか、奴隷の身分の男とかが、牛とか、山羊とかと交わるのである。しかし、女の場合は、身体の構造上無理である。にもかかわらず、このような神話ができるのは、男たちがその不祥事を、女に転嫁しようとした結果ではないかと思われるのだが、それはさておき、パイドラは、この母から生まれ、ミーノータウロスとは同胞《きょうだい》であることを覚えておかねばならない。

さらに姉にアリアドネがいる。ミーノータウロスを退治しに来たアテーナイの英雄テーセウスに恋をして、迷宮への道を赤い糸玉を持って入り、それを辿って出て来る方法を教え、彼と共にクレタを脱出するのである。しかし船がナクソス島に着いたとき、テーセウスはアリアドネを置き去りにした。いや、アリアドネは、置き去りにされたのではない、彼女はアルテミス女神の矢に射られて死んだのだ、とも、身ごもっていて、流産して死んだのだ、とも言われる。テーセウスは、ただ、その死体を放置しただけだと。英雄を悪者にしない物語である。しかし、それではあまりにアリアドネが可哀そうだと思うのか、ナクソスを通りかかったディオニュソス神が彼女に恋をして妻にしたという神話もある。

しかし、そのようないきさつがあるにもかかわらず、その後、テーセウスはアリアドネの妹パイドラを妻にしているのだ。パイドラの兄、デウカリオーンがテーセウスにすすめたことになっているから、クレタとアテーナイの政略結婚だったのかもしれない。

この結婚式のとき、事件が起きる。結婚式の最中にアマゾネス（女武者集団、後に述べる）が押し寄せる。アマゾネスは抗議に来たのだ。以前テーセウスがアマゾネスを打破ったとき、その女王ヒッポリュテを奪ってこれと結婚し、一子ヒッポリュトスが生まれている。それにもかかわらず、パイドラと結婚するとは何事だということで、怒ったアマゾネスが、ヒッポリュテを先頭に武装して押し寄せたのである。

驚いたテーセウス側は慌てて扉を閉じ、飛びこんで来た少人数のアマゾネスだけを相手に戦い、ヒッポリュテはテーセウスによって殺される。

こう述べて来ると、テーセウスというのは女性に対してずいぶんいい加減な英雄だが、このことに対する批判めいた物語は、あまりない。

義理の息子に恋をする

何年か経った。テーセウスと結婚したパイドラは、成長した美しい若者となって館にやって来たヒッポリュトスを一目見て、恋に陥《お》ちてしまう。しかしヒッポリュトスはアルテミス女神を尊敬し、彼女に捧げものをし、野山を駈けめぐって狩をすることを愉しみとする若者である。

そして愛欲の神であるアプロディテをないがしろにしている。これがアプロディテを怒らせ、パイドラに道ならぬ恋心を生まれさせたのだと神話は言う。

パイドラは悩んだ。病気になるほど悩んだ。誰にも言えぬ悩みである。女性蔑視者の、かのエウリピデスは、その悲劇『ヒッポリュトス』のなかで、パイドラの悩みを、彼女自身の台詞として、コロスに向かってこんなふうに述べる。

「立派なことをするときなら、人に見ていてほしいけれど、恥かしい振舞いを、たくさんの人に見られることはたまりません。私のこんどの行いも患いも、不名誉なものであることは承知していました。まして女という、世の人々からうとまれる身に生れついた私ですもの。自分から、ほかの男に想いを懸け、操《みさお》をけがすような女は、どんなにでも惨めな死に方をするのがよいのだわ……私はねえ、みなさん、夫ばかりか、私の生んだ子供たちまで辱しめた私の罪が、いつ見つけられるかもしれないと、ほんとに生きた心地がしないのです」

パイドラが、このままでは病気が重くなって死んでしまうと心配した乳母は、ここで恋の取り持ちをする。ヒッポリュトスにパイドラの気持を打明けたのだ。ヒッポリュトスは、けがらわしいと激怒した。

「ゼウス様、どうしてあなたは人間のために、女という偽りにみちた禍いを、この世にお遣わしなさいました」のか、と若者は神を罵って、それからあとは、エウリピデス自身の女性観とでも言うべきものを、とうとうと述べたてる長広舌が続く。女の身としては、かなり腹立たしいところもあるが、ここは先ず我慢して承まわろう。

「女が大きな禍いであるということは、次のことでもわかります。生んで育てた父親が、持参金まで添えて娘を嫁にやるのは、つまりは厄介物からのがれるため。さて憐れなのは、この厄介な代物を背負いこんだ男、いそいそとしてこの大変な人形を、着飾らせるに余念なく、ついに家財をすりへらす。よい姻戚に恵まれれば、その代りには悪妻に悩まされ、また良妻を得た代りには、性悪の舅を背負いこみ、二つよいことはないと諦める。所詮こうした運命を免れぬのだ。愚かで役にも立たぬ代りに、害にもならぬ妻を抱えた男が、まだ一番ましかもしれぬ、とにかく私は賢《さか》しい女は嫌いだ。女の分際で賢ぶるような女を妻には持ちたくないものだ。とかく色恋の過ちも、賢しい女に多いもので、甲斐性のない女は、頭の働きの遅いお蔭で、そういう間違いを犯さずにすむというもの」

ヒッポリュトスがアプロディテ（愛の女神）を斥けているところ。このためパイドラは女神から仕返しの邪恋を植えつけられた?

と、まあこういった次第で、とても二十歳にはまだ間のある若者の言葉ではないけれど、名作として残っているので仕方ない。この作品はBC四二八年に上演され、演劇祭で優勝しているのである。

パイドラは悲しみに打ちのめされる。ヒッポリュトスに退けられたこともさることながら、何よりも恥を掻いたという思いが強くなる。彼女は死ぬ決心をする。

死ぬ、と心を決めたとき、パイドラのなかに大きな変化が起こる。

「……今日私が死んでいったら、私をないものにするおつもりのキュプリス様（アプロディテ女神のこと）は、さぞお喜びでしょう。私はこの苦しい恋に負けてしまうわけだから。でも私は自分も死ぬ代り、もうひとりの人にもきっとひどい目に遭わせてあげます。私をみじめな目にあわせておいて、自分だけ大きな顔をしてはいられぬことを思い知らせてやります。この私の苦しみを少しでも、自分で味わってみたら、あの高慢の鼻も折れましょう」

可愛さあまって、憎さ百倍というところだろうか。パイドラはこのとき悪女そのものである。大変なことを思いついて、自らは首を縊《くく》って死んでしまう。

呪いの遺書

パイドラが死んで大騒ぎをしているところへ、夫のテーセウスが帰って来る。妃の死骸に驚き、歎き悲しみながら、遺書に気がつく。遺書には、自分に継子であるヒッポリュトスが言い寄って来た、どうしても拒否できないので、死ぬより他ないという意味のことが記してあった。

当然、テーセウスは逆上する。逆上して息子を痛罵する。この痛罵の台詞がまた、エウリピデスの女性観を表わしている。

「……色恋の過ちは女にはあるが、男にはないとでも申すか。いやいや、一たび恋の想いが若やいだ胸を乱せば、女ほどにも頼りにならぬ若い男を、俺は幾人か知っている。ただ男であるというばかりに、見逃されるだけのことじゃ」

つまり、女や若い男、これを女子供と言ってもよいのだが、女子供は恋愛で過ちを犯すが、一人前の男性にはそういうことはない、というのがこの台詞の前提になっている。しかしその前提には、一人前の男の恋愛が女子供に比べて自由であった、という当時の現状への認識が欠落している。

もっとも、エウリピデスのこのような女性蔑視の言論が、当時のアテーナイで、すんなり受け容れられていたかと言えば、必ずしもそうではない記録が幾つか残っている。喜劇作家のアリストファネスは、その劇のなかで何度もエウリピデスをからかっているし、エウリピデスが町なかで彼を憎む女たちから寄ってたかって棒で打ちのめされた、などという話もある。

現に、この『ヒッポリュトス』は優勝した作品ではあるが、何年か前に上演されて不評であった作品の書き直しなのだそうである。飜訳者の松平千秋氏は解題でその理由を次のように述べている。「不評の原因はパイドラの性格が余りに積極的というか、あるいはむしろ厚顔無恥な女として描かれていたことによるとされる」のだそうである。わたしなどは、逆に、その物凄い悪女のパイドラをこそ観たかったと思うものだが、世間の事情も、次第にそのような大きな悪女の存在を許さなくなっていたのだろうか。

さて、可哀そうなヒッポリュトスは、自分の無実を主張するだけで一言の弁解もしない。何故なら彼は、パイドラの乳母から、彼女の恋を伝えられる前に、これから打明ける如何なることも口外しない、と神に誓わせられていたからである。

誓いの手前、ヒッポリュトスが口を噤《つぐ》んでいると、怒り狂ったテーセウスは海神ポセイドンにヒッポリュトスを殺すよう呪いをかけて館から追放する。

ヒッポリュトスは泣く泣く館を出て、アルゴスからエピダウロスへ通じる海辺の道を真っ直ぐ走っていると、地の底から轟音が響いて来て馬車を曳く馬たちが棒立ちになって激しく脅えた。行手には雲にも届くかと思われる波が押し寄せて来て視野を遮ぎる。その波のなかから、化物のような荒々しい牡牛が一頭躍り出て来る。ポセイドンの遣わした怪獣である。

ヒッポリュトスは馬の扱いに自信があった。必死に手綱をさばくけれども、海神の遣わした荒れ狂う牡牛には勝てない。遂に馬車は転覆し、ヒッポリュトスは手綱に巻かれたまま曳きずられ、岩に頭を打ちつけられて瀕死の重傷を負う。息も絶え絶えのヒッポリュトスは父の館に運びこまれる。しかしここに突然、アルテミスの女神が登場し、ヒッポリュトスの無実を証明する。女神の御託宣は、こんなふうである。

「テセウスよ、汝の不運の経過《すじみち》を語り聞かせて遣わそう。……すなわち汝の妻は、われら処女たることを誇りとする者にとっては、最も憎むべきかの女神（アプロディテのこと）の毒牙にかかり、汝の倅に想いを寄せたのである。はじめは女の道に背くまじと、煩悩を抑えに抑えておったのであるが、乳母の智慧に頼ったのが運のつきとなり、乳母めが汝の倅に他言せぬよう誓わせて、懸想のことを告げたため、汝の妻は本意なくも、身を亡ぼすこととなったのである。一方汝の倅は、心正しき者であるゆえ、そのようなことは聴き入れぬとともに、汝より非道の扱いを受けながら、神に背くを憚って、誓いを破らずにおったのである。汝の妻は己れの罪が顕われることを怖れ、あらぬことどもを書面に書き遺し、汝の倅を謀殺いたすこととなった。しかも汝はそれを実と信じたのであるぞ」

神のお告げに、テーセウスは初めて真実を知り、涙にくれるが時すでに遅し、ヒッポリュトスは父の手に抱かれて死ぬのである。

神が出て来て種々な事柄を解決するのはエウリピデスの手法で、これを悪く言う人も多いが、それはさておき、わたしたちはここで、パイドラの邪恋が、パイドラ自身から出たのではなく、アプロディテ女神の仕業とされていることに注意しなければならない。しかも、ヒッポリュトスが、アルテミス処女神にのみ敬意を表して、アプロディテをないがしろにしたため、アプロディテが怒って、パイドラを「毒牙」にかけて、ヒッポリュトスを愛するように仕向けた、としている点を重視したい。こういう考えは他の悲劇作家にも大なり小なり見られる発想で、彼らの劇作の源となっているホメロスの『イーリアス』や『オデュッセイアー』でも、総てが神々の争いの展開だと言うことになっている。当時の人びとは、自分たちが、自分たち自身でも訳のわからない悪の行動に出てしまうときは、神々が動かしていると考えたのであろう。

では、その神々とはいったいどんな神々で、どんな悪を担っていたのであろうか。人間の女が悪行を行うということは、きっとその源になる悪の女神がいるからにちがいない。もっとも神様であるから、男たちも、悪女呼ばわりはしないで、ただただ、恐ろしい女神がいる、としてこれを畏怖して、この罰に触れないよう、捧げものなどして祭壇に祀ったのである。

第二章　畏怖された女神たち

大女神・ヘラ

女神・ナンバー・ワン

人に序列をつけることはあまり好ましくない。女神様だって同じことだ。みんなそれぞれ役割を持って共生していると思いたい。

しかし、このヘラは神話のなかではいつのまにかナンバー・ワンにされてしまっている。男神ナンバー・ワンがゼウスなので、その正妃という設定だからである。もっともこの序列主義は、神話が原始共同体の素朴なものから次第に男性優位社会、さらには家父長制度社会の支柱にされて行くに従って生じたものである。

この原始共同体の素朴な神話を、わたしはギリシア神話の第一期と捉えている。そのあと、男たちが権力を持つ、第二期のギリシア神話が登場する。普通ギリシア神話と呼ばれるのは、この第二期のものであるが、ギリシアがローマに征服され、ギリシア神話がローマ人の生活のなかに滲透して次第にローマ化される。これが第三期で、ヨーロッパ文物の多くがこの時期のギリシア神話に基礎をおいていることは、ルネサンスの文学・芸術を検討すれば明らかである。

もちろん、二期は一期を含み、三期は二期と入り混って展開されるのだが、折々、そのことにも注意を促がしながら紹介して行きたい。

さて、第二期の神話のできた頃、ギリシアの神々は、オリュンポスという山の頂きに宮殿を持っていて、そこから下界に下りて来て人間と交流を持つのだと考えられていた。オリュンポスの宮殿の主《あるじ》は言うまでもなくゼウス大神だが、妃のヘラは、実は妹である。

神話は、先ず天（ウラノス）と地（ガイア）が交わって子供を生む、というところから始まる。沢山のニンフや巨人や神々がこのカップルから生まれるのだが、ここのところの神話はかなり錯綜していてややこしい。しかし大事なニンフたちは、このウラノス＝ガイアの最初の交わりによって生まれている。この話はニンフたちのそれぞれのところで述べよう。ここでは、ゼウス、ヘラ、ともにウラノス＝ガイアの孫、つまり三代目であることを確認するに留める。ウラノス＝ガイアが、クロノスとレイアというカップルを生み、このカップルから、ゼウスとヘラが生まれたのである。

もっともこのヘラ大女神は、夫のゼウスよりは古い背景を持つ（つまり第一期の）神様である。ゼウスはギリシア神話が男性優位社会に向かって滑り出すプロセスのなかで生じた神様だが、ヘラはそれよりさらに古い信仰に連らなる神様だと思われる。つまり、各地にあった地母神信仰の具現したものである。

ギリシアにあっては、BC八世紀以前、つまり、まとまった神話が出て来る以前（これをわたしは第一期と呼んだのだが）には、男の神様は存在しない。発掘される遺物から見ても、それ以前の神は総て女神である。稔《みの》りの神であり、お産の神であった。ヘラは、第二期のギリシア神話のなかの神であるけれども、それ以前の信仰を引きずっていることが、いまも各地に残る遺跡から証明される。

日本神話もギリシア神話と同じ多神信仰である。神社に行くといろんな神様が祀ってある。イザナギ、イザナミ、アマテラス、スサノオ、タケイカズチ、オオクニヌシ等々。しかしもちろん重要な神様は立派な神社で主神として祀ってある。伊勢神宮のアマテラス、出雲大社のオオクニヌシなどがその例である。

ヘラにも立派な神殿があちらこちらにある。なかでも有名なのはサモス島のヘラ神殿である。古くから絶大の信仰を集めていたと言われるが、現在、跡が残っているのはBC六世紀以降のものである。もちろん日本の伊勢神宮のように、脈々と奉祀されて来たものでなく、キリスト教が入って以来、なおざりにされて来た神殿だが、それでも規模の壮大さは当時を偲ぶに充分である。さすがナンバー・ワンの女神だと納得させられる。さらに、神話成立以前の古い信仰を引きずっている女神である証拠に、博物館に、ギリシア本土の遺跡ではあまり見かけないBC十世紀から九世紀の古いのびやかな女神像がある。

お産と子堕し

ヘラ女神はお産の女神である。第二期神話以前の神は、お産と稔りの女神であった、と述べたが、古来の地母神がそのまま神話のなかへ滑りこんだ形のヘラ女神はお産を担当する神としてあがめられた。お産は女性にとっては生命の危険がかかった大事業である。いまもそうだけれども、太古は、もっと大変だったろう。陣痛が起こってもなかなか子供が生まれないときは、ひたすらヘラの女神に祈願するのである。難産のときは、この女神の御機嫌を損じたせいだということになっている。

オリュンピア・ゼウス神殿のヘラ像。大女神はあまり美人でない。

レトというティターン神族（ウラノスとガイアから生まれた古い神々の集団）の娘が、ゼウス大神に愛されて子供を身ごもった。ヘラは怒って、太陽の光の照らすいかなるところでもレトは子供を生めないであろうと呪った。

ギリシア神話の神々のあいだでは、どんな神でも、その神が設定した呪いなり願いなりを他の神が潰すことはできない。その呪いなり願いなりを無にする他の方法を考えねばならない。

臨月近くなって生み場所を求めて彷徨するレトをゼウスは海神ポセイドンのところへ運んだ。海神はゼウスの頼みを聞いてデロスという浮島を水の天蓋で包み、ここをレトのお産の場所に提供した。

レトの陣痛は九日九夜続いた。お産を直接担当するエイレイテュイアが、ヘラを憚かってなかなか動かなかったからである。エイレイテュイアはゼウスとヘラの娘で、しばしば複数で表現される産婆の、神様というよりニンフたちである。十日目にようやく、他の女神たちがエイレイテュイアに贈りものを約束し、無事子供が生まれた。太陽神アポロンと狩の女神アルテミスである。

この神話は、ほとんどがヘラの嫉妬というふうに伝えられている。もちろん嫉妬にはちがいないが、わたしはもう少し大きく、神の怒りというふうに捉えたい。男神ゼウスの方の行動は、浮気したり嫉妬したりという人間的な面も見せるが、大筋では神の怒りという超人間的な面が強調されている。男性優位社会成立以前は、女神もやはり超人間的に恐れられていたにちがいないから、ここはヘラを男性社会的に悪女と捉えないで、お産の危険に際して人間が神の怒りを鎮めようとした意識の源泉と見た方がよい。

エイレイテュイアを従えて、お産を支配するヘラは子供の出生についてのあらゆる権限を持っていると考えられていた。わたしが例のサモス島のヘラ神殿を訪ねたとき、この神域に子堕しの樹があると聞いた。この樹の葉が堕胎薬になるらしい。眺め廻すとそれらしい樹は何本かあったが、もちろん根拠のある話ではない。根拠はないけれども、お産の神の神域に子堕しの樹があるという伝承の方が興味深かった。日本でも、出生率が高く貧しかった時代、間引きの風習があり、それを担当するのは産婆であった。もっとも人間の側から言えば、親の都合で間引かれる子供にも、神の意志を引きこみたい気持が動いていたのだろう。

第一章で悪女の一人として登場したメディアも子殺しの母親である。このいきさつについては、その項で詳述したが、メディアは殺した子供をヘラの神殿に捧げたことになっている。このヘラ神殿はコリントスにある。サモスの大きさには比べるべくもないが、美しい入江に面して、緩やかな傾斜をもって展開される小綺麗な感じの神域である。王女メディアの物語は、子供に支配権を持つ、大女神・大母神としてのコリントス・ヘラ神殿の縁起ではないだろうか。

コリントスというのはアテネの西方約八十キロにある、コリントス地峡の付け根のところの町である。ここから丁度桑の葉の形に拡がっている半島がペロポネソス半島である。コリントスから南がアルゴス地方で、ここはヘラ女神の勢力範囲と言われている。

結婚と嫉妬

男性優位社会におけるギリシア神話では、特に家父長制の確立したローマ期のギリシア神話では、ヘラはゼウスの正妃としての地位が与えられていることは前にも述べた。ゼウス―ローマ名ユピテル、ヘラ―ローマ名ユノーとして一対の夫婦神とされているのだが、太古の母権社会においては、このような形で結婚が成り立っていたわけではない。女性が中心の社会であるから、男性が、女性の構成している集団のなかへ入っていくという結婚の形態であったろう。女性の集団が大きければ大きいなりに、小さければ小さいなりに、迎えられる男性の能力が問われたかもしれない。

このことに関して、ギリシア神話研究の大御所である呉茂一氏は、ヘラという名称はギリシア語の英雄《ヒーロー》の女性形ではないかという説を紹介したあと、次のように指摘する。「〈ヘーロス〉というのはホメロスなどでは領主とか殿とか、男性の尊称として用いられているから〈ヘーラー〉というのは）主女神の名称としていかにも適当な語に違いない。それゆえ後からこの土地へさらに来たギリシア民族……の主神ゼウスは、いわば入婿《いりむこ》の形となる」。

これは日本神話の根幹をなしている天つ神と国つ神の結婚という思想とも見合っている。天から やって来る天つ神（男性）が地上の国つ神（女性）と結婚してその国を統治するというものだが、母権社会の集団へ、男性が入って来て、立ち去って行かないで定着する、それが結婚という制度の始まりであったと納得させられるのである。

ところが、この入婿が浮気っぽい。浮気というのは男性の本性に繋がるものであるが、それなら一ケ所に定着しないで、去って行かなければならない。女性から女性へと移って放浪するのが筋である。しかし、ここに女性が支配していた土地に根を下ろした男性が浮気をするという奇妙な事態が出現した。これが男性優位社会の始まりである。

その男性の本性を具現してか、ゼウスはよく浮気する。当然、ヘラは怒る。そのため、ヘラは結婚の神であると同時に嫉妬の神とされている。結婚と嫉妬を表裏の関係と捉えた古代の人の感覚は正しい。しかし、ヘラの怒りは、嫉妬と言ってしまえば何か卑小なものになってしまう。それは、母権社会の原理を乱した男への怒りと捉えた方がふさわしい。嫉妬というのは、男性優位社会において従属した地位に追いやられた女性の行為だからである。

しかし、大女神であるから、ヘラの怒り、つまり嫉妬は凄まじい。先きにあげたレトの場合は、太陽の光の射すいかなるところでもその出産を認めない、というものであったが、続いて大きな怒りはヘラクレスに向けられた。

ヘラクレスはゼウスがアンピトリオンの妻アルクメネに恋して生ませた子供である。ギリシア神話中最大の英雄であるが、彼の武勇冒険物語はヘラの怒りに端を発している。ヘラによって狂わされたヘラクレスが妻と子供を殺し、その罪を償うために怪物退治に出発し、さまざまな苦難に直面するのが、「ヘラクレスの十二功業」と呼ばれる物語なのである。

また、ヘラに仕えていた女神官のイオにゼウスが恋をする。ゼウスはヘラの怒りを恐れて、イオを若い牝牛に変えるのだが、ヘラはこの牝牛を百眼の怪物に見張らせたり虻《あぶ》を送ったりして苛《いじ》める。イオはヘラに追われて世界中をさ迷い歩く羽目になり、ようやくエジプトに辿り着き、ここで子供を生む。後にエジプト王となるエパポスである。そしてここで物語が錯綜して、セメレの話が出て来る。セメレとイオは姉妹説と無関係説とがあるが、セメレの父カドモスが牛に導かれてテーバイに行きそこに都を建てる話があり、伝承が複雑な形で繋がっている。ゼウスはこのセメレにも恋をするが、それを見破ったヘラの策略でセメレは子供を身ごもったまま焼け死ぬ。ゼウスは死んだセメレの胎内から子供を取り出し、自分の太腿に縫いつけて育てる。こうして生まれた神がディオニュソスである。

女神の子供

さて、ゼウスが他の女に生ませた子供のことばかり書いて来たが、ヘラ自身の子供はどうだったのだろう。ゼウスとヘラの子供――というと凄い力のある神様が出て来そうだが、そこがまだ家父長制度が、後世ほども確立していない時代の神話である。あまりぱっとしない神様が生まれているのが面白い。

先ず男神が一人、アレスという。軍神として崇められるのはローマ時代に入ってからである。ローマ時代はすでに述べたように家父長制は確立しているので、ユピター（ゼウス）とユノー（ヘラ）のあいだの一人息子アレスをマースと呼んで戦争の護り神として大変な尊敬を捧げた。しかしわたしが言う第二期のギリシア神話では、この神様は美男であるが頭の回転はいまひとつ。戦いの神ではあるが専ら暴力一辺倒、知恵の方は後に述べる女神アテナの担当である。

ホメロスと並び称されるギリシアの古代詩人ヘシオドスによれば、ゼウス＝ヘラの夫婦神には、このアレスの他に、ヘベ、エイレイテュイアの二人の妹神がいるだけである。エイレイテュイアはお産を助ける神でヘラに従属し、しばしば複数で現われることはすでに述べた。ヘベは、まあ「家の娘」といったところだ。オリュンポスの宮居にいて、神々の世話をしたり、宴会を取り持ったり、ヘラの身辺の用を足し、戦闘から帰った兄アレスの入浴の世話をしたりする。

しかし、この三人の子供より、数等重要な役目を神々のあいだで果すヘラの子神がいる。ヘパイストスである。この神様は、ヘラの子とされている。父親はいない。いまの言葉で言えば、ヘラが非婚の母になった、というところだろうが、結婚制度の確立していない太古にあっては、父親のはっきりしない子供など神様の世界にも人間の世界にもいっぱいいた。ヘパイストスもその一人である。

ただこの神様は素晴しい技術の持主で、オリュンポスの宮殿はこの神様の建設によるものである。さまざまな鎧兜などの武具や装身具もこの神の手でつくられた。鍛冶の神で、従って火の神でもある。

同じ母から生まれたアレスは美男だが、ヘパイストスは醜男ということになっている。おまけに「足曲り」である。これは、母神が父なくして子を生んだことに対して、神話が与える一種の差別意識ないしは警告の現われと言ってよい。

例は日本神話にもある。イザナギ、イザナミの子生みのとき、女神のイザナミから先きに声をかけて交わって生まれた子は「蛭子《ひるこ》」、いまで言う障害児となった。高天原の神に注意されて、男神から先きに声をかけて交わると、今度は健全な子が次々と生まれた話がある。いずれも、男性優位社会成立のために仕組まれた神話だと考えるべきである。

ヘパイストスの「足曲り」の原因は、生まれつきの他にはオリュンポスの宮殿で、ゼウスが他の女に生ませたヘラクレスのことで、ゼウスとヘラが夫婦喧嘩になったとき、仲裁に入ったヘパイストスをゼウスが足をつかんで天界から投げ落したときの怪我だともされている。

いずれにしても、この醜男で「足曲り」の神が絶世の美女であるアプロディテ（ヴィーナス）の夫として配されるのだが、その話は次に述べよう。

愛の女神・アプロディテ

美神の誕生

アプロディテ、というよりヴィーナス、と呼んだ方が多くの人には親しみやすいかもしれない。「ミロのヴィーナス」のあのヴィーナスである。

ただ、ミロス島で発掘され、フランスのルーヴル美術館に持ちこまれたヴィーナスは、制作がBC二世紀とかなり時代の新しいもので、もうすっかり男好みに仕上げられている。もともとのヴィーナスことアプロディテは、土地の守護神である。わたしの見たもっとも古いアプロディテは、キプロス島のそれでBC二五〇〇年から三〇〇〇年くらい、丸い頭に十文字形についた手足、胸に子供らしい小さな人形が彫りこまれている、という単純なものである。

キプロス島はアプロディテの島だ。それについては、この女神誕生の由来を語らなければならない。

ギリシアの神々が、最初はウラノスとガイアの交わりによって生まれたことはすでに述べた。ウラノスは次々とガイアに子供を生ませ、それを次々とガイアに呑みこませた。ガイアというのは大地のことだから、いくら呑みこんでも平気なのかもしれないが、しかしさすがのガイアも嫌気がさして、主だった子供たちを呼び寄せて、父ウラノスに対する復讐を命じた。しかし子供たちはみんなウラノスを恐れて尻込みした。なかで末子のクロノスが「わたしがやりましょう」と進み出た。ゼウスの父になる男神である。

ガイアは喜んでクロノスに鋼鉄の大鎌を与えて、ウラノスのやって来る場所に待ち伏せさせる。夜になってウラノスがやって来て、ガイアの上におおいかぶさろうとしたとき、クロノスはガイアに命じられた通り、待ち伏せの場所から大鎌を振ってウラノスの陽根を素早く刈りとった。ウラノスの陽根は飛んで血を滴らせながら海へ落ちた。その滴り落ちた血が大地に吸いこまれてエリーニュスとギガスたちが生まれるのだが、これは後に述べる。海へ落ちた陽根の方は、ぶくぶくと無数の泡を噴き出していたが、やがてその泡—アプロス—のなかから一人の女神が生まれた。アプロスのなかから生まれたからアプロディテと呼ぶのである。生まれた女神はそのまま「大浪うねるキュプロス」島に上陸する。キプロスが女神の島と言われる所以である。また、ルネサンス以後の絵画などにしばしば登場する、泡のなかとか、貝のなかとかから生まれ出るヴィーナスは、この神話をもとにしている。

アプロディテ（ヴィーナス）は、愛の女神として、後世の男たちによって次第に美化されて来たが、もともとは、おどろおどろしい生まれかたをした、古い神であることをわたしたちは確認しよう。つまり、ギリシア神話の主神と言われるゼウスよりも、もっと古い神なのである。生まれかたからして、美と愛の女神、というより、愛の女神、むしろ愛欲の女神である。愛欲を美として表現しようとしたのは後世の意識である。

繰返すように、ギリシア神話は、神話以前の第一期の神々をも伝承のなかに繰入れて行くので、アプロディテは、神話に繰入れられるとき、結婚させられる。ゼウスが命令して結婚させたことになっている。ゼウスの方が新しい神なのだが、そんなふうにして神々の系譜がつくられて行く。

結婚の相手はヘパイストスである。ヘラ大女神の息子で、相手にとって不足はないが、何といっても醜男で「足曲り」である。アプロディテは早速浮気を始める。美男で、お頭《つむ》の弱いアレスとである。

不倫の元祖

もちろん神話の世界である。今日のわたしたちの社会のような法律があって、結婚制度が確立していたわけではない。神々もそして人間たちも男と女の関係はかなり自由であった。しかし、アプロディテとアレスのそれは、どう見てもスキャンダラスで、だから不倫という言葉がぴったりなのだ。

ヘパイストスは、アプロディテとアレスの仲を知っていた。何とかして恥を与えようと思った。そこでアプロディテの寝床に目には見えない精巧な網をかけた。そこはお手のもののヘパイストスの技術である。

アプロディテはいつものように寝床に横たわってアレスを待つ。やって来たアレスとアプロディテが抱きあった瞬間、網がさっと閉じられ、二人は真っ裸の交合の恰好のまま身動きがとれなくなる。二人をからめとった網はそのまますると天界に運ばれて行く。天界は折しも宴の真っ最中。とんでもない醜状に神々のなかからどっと笑い声が湧く。こらしめはこれくらいで、と海の神ポセイドンのとりなしでヘパイストスが網を解いてやると恥ずかしさのため、アプロディテはその生まれ故郷キプロス島へ、アレスはトラキア（アレスは北方の住民たちの信仰の神であった）へ逃れた。

さて、この不倫で二人の神は何人かの子供を生むのだが、一人だけ、ハルモニアについて触れておこう。

ゼウスはこの不倫の落し子である娘をテーバイの国の創始者であるカドモスに与えようと考えた。不倫の子といっても貴い女神と男神の子である。カドモスは大いに喜んで結婚の宴を張った。天界の神々はこぞってこの宴に参加した。

このとき、アテナが長衣《ペプロス》を、ヘパイストスが頸飾りを贈った。アテナはこの次の節で述べるが、知の女神である。アプロディテとは相反する立場だ。当然、アプロディテとアレスの行為には批判的である。この長衣には媚薬が染みこませてあり、後々カドモスの一家に禍いをなしたと言われる。また、ヘパイストスは裏切られた夫だから、妻が生んだ不倫の子に与えた頸飾りにも、当然何らかの呪いがかけられているはずである。

呪いのかけられた長衣と頸飾りがハルモニアを介してテーバイにやって来た。その後テーバイに起こるさまざまな凶事がこの長衣と頸飾りのせいにされる。

ただテーバイ王家の王位争いや妻の争奪などは、太古の社会ではどこでも起こっていたことにちがいない。それをハルモニアの長衣と頸飾りの呪いのせいにするのは、神話がこしらえられて行く過程のなかで、人びとがこの不倫の元祖でもある愛欲の女神の威力をどんなに恐れていたかの証拠になるものだと言えよう。

カドモスから数えて四代目の王ライオスは、神託が「子供を儲けてはいけない。生まれた男の子は父親殺しになるであろう」と告げたにもかかわらず妻と交わって子を儲けた。生まれた男の子を恐れたライオスはこれを羊飼に命じて山中に捨てさせる。

この子がコリントスの王に拾われて成長する。オイディプスである。成長したオイディプスが自分の出自に疑いを抱きデルポイの神託を受けたところ、出自に対する答えはなく「父を殺し、母と交わるであろう」というお告げが出た。驚いたオイディプスがこの災厄を逃れるため、急ぎコリントスの地を離れ、旅に出た途中、見知らぬ老人と争いになり、これを殺してテーバイの国に入り、この国の国難を救って、未亡人となった妃と結婚する。この見知らぬ老人が、オイディプスにとっては実の父であり、未亡人のイオカステが実の母であったわけだ。

ソポクレスでお馴染みのオイディプスの悲劇は、裏にカドモスの、というよりはハルモニアの出生をからめて、アプロディテ＝アレスの不祥事に対するギリシア人の恐れが尾を曳いているとみた方がよい。つまり愛欲に対する恐れである。イオカステについては、別の観点から後述する。

恋愛の元締

誰もアプロディテの魔力からは逃れられない。神々も英雄も、そして人間たちも。もっとも今日の考えかたから言えば、いまも昔も変らない異性に対する強い愛慕の念を、その出所のわからない愛欲の苦しみを、昔の人はアプロディテの神の所業《しわざ》にした、ということになるのだろうか。

ただ、三人の女神だけが例外である。これから述べる知と戦いの神アテナ、狩の神アルテミス、台所の神ヘスティアである。この女神たちはいずれも処女神でアプロディテの誘惑を斥《しりぞ》ける。「しかし他のものには誰ひとり、至福なる神々にせよ死すべき人間にせよ、アプロディーテーを逃れる手だてはそなわっていない。事実、力もっとも偉大にし、最大の誉れもつ、稲妻楽しむゼウスですら、女神は判断を狂わせてしまうのだ」(『アプロディーテーへの讃歌』――この「讃歌」は『ホメーロス讃歌』と呼ばれるもののなかに収録されているのだが、ホメロスの謳《うた》ったものではない。後世〈といってもアルカイック期だからホメロスより二、三百年くらい後の頃までという意味だが〉ホメロスに擬して謳うことが流行した)。

この女神の恐ろしい力が人間に振りかかったのは、何といっても先きに述べたトロイア戦争

ミロのヴィーナスよりこちらの方が……という人もある。時代が下るにつれて、アプロディテは男たちによって次第に濃艶に表現される。これはローマ期のもの。

である。トロイアの王子パリスが、スパルタ王妃ヘレネを誘惑し、戦争の引き金を引いた。

事の起こりを、神話はこんなふうに語っている。英雄ペーレウスと海の女神テティスの結婚式のとき、争いの女神エリスが「もっとも美しい女に」と言って、黄金のリンゴを神々のあいだに投げた。ヘラとアテナとアプロディテの三女神が「われこそは」と争った。

結着がつかないのでゼウスが三人の女神をイーデー山中で羊飼をしていたパリス（出生のとき、国を滅す原因をつくる、と夢占いに告げられて、父の王が山中に捨て、召使いによって育てられていたのである）の前へ連れて行く。ギリシア神話で「パリス審判」と言われているのがこれである。

三人の女神はそれぞれに自分にリンゴが与えられたときの見返りを述べたてる。ヘラは全アジアの王になることを、アテナは戦いにおける勝利と知を、アプロディテは人間のなかでもっとも美しい女ヘレネとの結婚を約束した。若いパリスはアプロディテを選んだ。

これは神話だが、トロイア戦争が実際にあったとすれば（最近、トロイア戦争は史実だとする説が有効になりつつあることはすでに述べた）、スパルタ王メネラオスのところへ宿泊していたトロイアの王子パリスが、王の留守中に王妃と駈落ちした、という、第一章のヘレネの項で述べた話を思い出してもらいたい。大いにありうることである。このときパリスとヘレネのあいだに湧いた愛欲を、昔の人はアプロディテのせいにしたのだ。

妃を奪われたメネラオスがギリシア軍を結集してトロイアに攻めこんだ詳細を、あなた方はすでに御承知だろう。

戦争が始まってヘラ大女神はギリシア軍の味方をしているのだが、どうも風向きがよくない。ゼウスがトロイアに味方しているせいだ。ヘラはギリシア軍の立て直しのために、ゼウスの注意をギリシア軍からそらそうとしてゼウスを寝床に誘う。このとき、アプロディテから、愛の魔法の帯を借りる。魔法の帯をして美しく着飾ったヘラを見るや、ゼウスはたちまち欲望に捉えられ、その場で二人は雲を巡らして寝る。ギリシア軍はそのあいだに勢いを盛り返した。目覚めたゼウスはヘラの行為を怒るが後の祭りである。

女神はまた、人間の女性であるヘレネやパイドラにも恐ろしい恋を与えたことはすでに述べた。

美少年を愛す

さて、神々や英雄や人間たちに恋心を吹きこんで彼らをきりきり舞いさせるアプロディテだが、自身の恋はアレスの他にもあったのだろうか。

よく知られている話はアドニスだ。アドニスの話はローマのオウィディウスの『変身物語』のなかに華やかに登場する。だいたい第三期のギリシア神話は英雄物語の方向と恋物語の方向とに分けて尾鰭をつけて展開、増殖されて行くのだが、これはその恋物語の方の展開である。

アドニスはキプロス王キュニラース（一説にはシリア王ティアース）とその娘との不倫の交わりによって生まれた子だが、生まれたときから大変可愛い子だった。アプロディテは神々に隠して箱のなかに納め、この子を冥界のペルセポネ（後に触れる）に預ける。赤児は匂うばかりの美少年に成長する。ペルセポネはアドニスのあまりの美しさにアプロディテに返すのが惜しくなる。困ったアプロディテはゼウスに仲介を頼む。ゼウスはアドニスに一年の三分の一ずつを二女神の許《もと》で、残る三分の一を自分の好きなところで暮らすように命じた。

あまりにもアプロディテがアドニスを愛するので、アプロディテの愛人のアレスはこれに嫉妬した。アドニスは狩の最中に猪の牙にかかって死ぬのだが、それはアレスが猪になって突進して来たせいだという説がある。他にも、ヘパイストス、あるいはアポロン、あるいは狩の女神アルテミスの怒りに触れたと諸説ふんぷん。アプロディテに愛されるということは、他の神神をも恋心の渦に巻きこみ恨みが生じる証拠なのかもしれない。

アドニスの死を悲しんだアプロディテが彼の流した血の上に神の飲物であるネクタルを注ぐと、そこからたちまち一本の草が生え出し真っ赤な花が咲いた。とても脆い花で、風《アネモス》の息がかかると散ってしまう。それは短かかったアドニスの生涯の象徴だった。風《アネモス》にちなんで、この花はアネモネと呼ばれた。

現在、キプロスとシリアには春には彼の蘇えりを祝うアドニスの祭りがあるらしい。思うにこれは第一期の古い信仰で、土地の地母神である母神アプロディテと、土地からの作物である子神アドニスを祭ったものにちがいない。シリアのことはわからないがキプロスには、アプロディテ女神に、子神が貼りついた形で刻まれている古い像があることはすでに述べた。アプロディテ・アドニスは、母子神なのである。

日本神話でもアマテラス・ニニギ（これは孫だが）、あるいは神功皇后=応神天皇という形で、母子神の信仰は残っている。ただギリシア神話の場合、この母子神から母親を切り離して、子供は愛欲の結果生まれるのだが、愛欲だけを取り出して、これを司る女神としてアプロディテを設定したのだ。

アプロディテは、アドニスとの関係では、もちろん子供を生んではいない。それが元来は母子神であった何よりの証拠なのだが、アレスとのあいだには例のハルモニアの他にも何人かの子供を生んでいる。また人間の男アンキセスとのあいだにも子を儲けている。トロイアの英雄アイネイアースが、二人のあいだの子供である。

アンキセスは「神にも似た姿をし、当時、泉の多いイーダーの山の頂上で、牛飼いをしていた」と『アプロディーテーへの讃歌』は謳う。彼を見るや、アプロディテはたちまち恋に陥《お》ちた。そこで「いまだ結婚をしらぬ人間の乙女の姿と大きさに、女神は自分の姿をやつし」て彼の前に現われる。

夢うつつのなかで女神と交わった男は、しかし自分の相手が女神であることを勘付く。女神の方も自分が人間の男と交わって身ごもったことに気付く。女神は子供をニンフたちに育てさせることにして、「美わしい青春が彼のものとなったなら、すぐに彼女たちは子供をここに連れてきて、お前にひきあわせることだろう」と言い、そのあと子供をトロイアに連れて行くよう命じた。そして、もしこの子の母親が誰かと人に質ねられたら「森に覆われたこの山に住む、つぼみのような目をしたニンフのひとりだったとか」というふうに答えるように、「もしお前が愚かにも分別をなくし、冠の美しいキュテレイア(アプロディテのこと)と愛し交わったと広言し、自慢してまわったりすると、ゼウスは立腹し、煙を上げる稲妻を、お前めがけて投げつけるだろう」と、アプロディテの名を口外することを禁じて風のなかへ消えて行く。『アプロディーテーへの讃歌』ではここまでだが、後の神話集には、アンキセスが女神との関係を得意気に洩らしたため殺された、という話が収められているものもある。

知と戦争の神・アテナ

男から生まれた神

ギリシア神話では、知恵の神は女神である。このことが先ず興味深いのだが、この知恵の女神の出生がさらに面白い。

ゼウスの正妃がヘラであることは前に述べたが、最初の妻はメティスである。ウラノスとガイアの娘テテュスと大洋神オケアノスのあいだに生まれた古い伝承の神である。メティスというのは思慮という意味であった。

さて、メティスがゼウスの子を身ごもったとき、ガイアとウラノスがこんな予言をした。「先ず、ひどく賢い娘が生まれるだろう。そのあとに一人の男の子が生まれ、その子がゼウスの王位を奪うだろう」

ゼウスはこれを恐れてメティスを呑みこんでしまった。神話は、ゼウスが王位を奪われることを恐れた点を力説しているが、わたしは、ゼウスがメティスを呑みこんでひどく賢い娘を自分で生もうとした点にも留意したい。この行為のなかには、もともと女性の性に属していたメティス＝思慮を、男性の性のなかにとりこんで男性のものとしようとした痕跡があるからである。

さて、いよいよ誕生のときとなった。ゼウスはヘパイストスに命じて自分の額を斧で割らせた。父神の頭からは、鎧、兜で完全武装した女神が飛び出してトリトニス湖岸に降り立った。アテナ女神である。

アテナ女神が父から生まれたということは後世の文学表現の上で、従って人びとの文学的な意識を醸成する上で、きわめて重要な役目を果した。

先ず、アテナを「父の御娘」という表現で呼ぶようになった。ヘシオドスは「神楯《アイギス》もつゼウスの娘」と謳《うた》い、アイスキュロスはその悲劇のなかで、こんな台詞をアテナに言わせている。

「……私に生みの母というのは誰もありません。またよろずにつけ、男性に味方します、まあ、結婚の相手はごめんだけれども。心底からね、私はすっかり父親側ですから」

アテナが父神から生まれた娘であるということは、ギリシア神話のなかでの、もっとも意味深い話である。ギリシア神話が男性優位社会成立のために不可欠な役割を果した、その象徴的な物語であるからである。

もともと母系の社会にあっては、父親というものは存在しなかった。動物の群れに近い秩序のなかでリーダー及びリーダーに準じる雄たちは群れの守護者として必要だが、その雄が誰かの父親であるという認識は必要でなかった。ヒトの群れが人間社会として動物の群れと異るシステムを持ち始めたとき、男性優位社会が徐々に出現し、父親が問題となり始めたのである。

先きにあげたアイスキュロスはアポロンの台詞として、こんな言葉も言わせている。

「だいたいが母というのは、その母の子と呼ばれる者の生みの親ではない、その胎内に新しく宿った胤《たね》を育てる者に過ぎないのだ、子を儲けるのは父親であり、母はただあたかも主人《あるじ》が客をもてなすように、その若い芽を護り育ててゆくわけなのだ。こうしたものの理《ことわ》りの証拠といえば、母はなくとも、父親たり得る例《ためし》が世にも少なからず、現在目近にも証人として、オリュンポスなるゼウスの御娘、アテナがおいでになるではないか。女神はかつて、母胎の闇に身の養いを受けたことはない、しかも世のいかなる神も、かほどの若木を生い立たしめは叶わぬであろう」

これ以後、「母胎の闇に身の養いを受け」るということがわたしたちに否定的な感性を喚起し、女性蔑視の想念へと発展したのだとわたしは見ている。

都市の守護神として

ヘラにしろアプロディテにしろ、わたしのいう第二期のギリシア神話では結婚とお産の女神とか愛の女神とか、人間の生活上の役割が振り当てられているが、もともとは、その土地の地母神であった。第二期ギリシア神話の神として生まれる前に、それぞれの過去を担っている。しかしアテナは、まさしく第二期ギリシア神話の申し子のような女神である。彼女は、第二期ギリシア神話の典型であり、この時期のギリシア人たちの意識や思考を端的に表現している。彼女は土地の地母神ではなく、都市の守護神として現われるのである。

つまりアテナは、現在もそうであるが、アクロポリスの守護神である。アクロという言葉には先端とか最高の、などという意味がある。アクロポリスというのは都市の高い場所、丘である。従ってアテナは、太古の共同体の地母神ではなく、人間が都市という形で集合生活を送り始めた頃に生じた守護神である。

こんな神話がある。アテネの町の守護神を定めるときのいきさつである。

アテネの町、そのときは、そんなふうな名前が付いていたかどうかはともかく、アッティカ地方の所有をめぐって、海神のポセイドンとアテナが争った。

それぞれが最良の賜りものをこの地に与える約束をし、二神はアクロポリスで対決した。審判はオリュンポスの神々である。

先ず、ポセイドンがその三叉の矛で地面に一撃を与え、山上に塩水の泉を出現させた。アテナはそれを見すました上で、丘にオリーブの樹を芽生えさせた。神々の判定はアテナにあがり、女神はアッティカの守り神となり、中心のポリスはアテナ、またはアテネという女神の名で呼ばれるようになった。もちろん、これは神話なので、もともとは、先きに土地の名前があったのであろう。日本神話でもそうだが、神様が居て、その土地に何らかの関わりを持つことによって、土地の名が神の名になる、という構造がここでも示されている。

争いに勝った女神は、オリーブ栽培の保護神となる。オリーブは、古代、地中海地方が非常な発展をとげる原因となった重要な産物である。その重要な産物が女神によって与えられた、という神話は、アテナが都市の守護神であり、技芸とか、戦争の神であるにもかかわらず、女神はやはり農産物の神、という古い伝説を引きずっている証しである。

さて、女神はアテーナイの守護神となったが、アテーナイの初代の王は、伝説ではケクロプスで、この王はアッティカの大地より生まれたので、腰から下が大蛇の姿をとって表現される。先きにポセイドンとアテナの争いを神々が審判した、と言ったが、審判者はケクロプスだという伝説もある。

伝説の初代の王はケクロプスだが、神話のなかでは初代の王はエリクトニオスで、アテナの子供である。女神はこの子をケクロプスの娘に預けて育てさせ、初代のアテネの王としたことになっている。

「えっ、処女神のアテナに何で子供が？」と驚くなかれ。神様だから、何でもありなのだ。

処女神の肘鉄

ある日、戦いの女神アテナは、ヘパイストスのところに武器の製造を依頼しに出かけた。ところが、アプロディテに捨てられ、めげていたヘパイストスは、アテナの姿を見るや瞬時に欲望に火がついて女神に飛びかかろうとした。

驚いた女神が逃げ出すと、ヘパイストスは「足曲り」にもかかわらず異常な速さで彼女に追いつき、抱きしめて思いを遂げようとした。女神はヘパイストスを突き飛ばした。突き飛ばされたヘパイストスは、どっと精液を洩らし、それが女神の脚にかかった。潔癖な女神は怒って羊毛でこれを拭きとって地上に投げ捨てた。すると、そこの大地が身ごもって可愛い赤ん坊が生まれた。エリクトニオスである。

アテナは神々に隠して、この赤ん坊を箱に入れ、これをケクロプスの娘に預けた。

アテナは赤ん坊を不死にしようと思っていたので娘に箱を開くことを禁じたが、娘は好奇心に勝てず、あるとき、そっと箱の蓋を取った。すると、何と、赤ん坊は大蛇にとり巻かれて眠っているではないか。赤ん坊の下半身が蛇だった、というお話もあるが、仰天した彼女はその場を逃げ出したが、アテナの怒りによって気が狂い、そのまま走ってアクロポリスの上から身を投げて死んでしまった。

アテナは赤ん坊を箱から取り出し、自らアクロポリスの山上の彼女の境内で育てた。成長の後、エリクトニオスはケクロプスのあとを継いでアテーナイの王となった。

神話と土地の伝説が入り混った物語だが、その土地から生まれた支配者が蛇と関わりがあるのが面白い。日本の神話や伝承にも蛇と関わりがある話がいっぱい出て来る。日本の場合、通って来る若い男が実は蛇であったとか、どこそこの御祭神は蛇である、とかいう話が多い。

男勝りの女神アテナには、だから恋人は居ないし、夫も居ない。ある意味で、それだから戦乱の続いたギリシアで、戦う男たちの守護神となり、尊敬を集めたのかもしれない。

女神が、父神の額を割って、完全武装で生まれ出たことはすでに述べたが、現在遺っているアテナ女神像が、いずれも兜をかぶり、槍を持っている。楯（アイギス＝神の楯、と呼ばれている）を持っているのもある。

ギリシア旅行をしていて、アクロポリス博物館に行かれた方は、そこで「喪に服すアテナ」像をごらんになったことだろう。戦没者墓碑の前で槍に寄りかかり哀悼の意を表わしているのだと言われて来た。これは大理石のレリーフだが、アテネ近郊のピレウスの考古学博物館にあるのは、ペイディアース（BC五世紀の有名な彫刻家）の模作と言われているが、ブロンズで堂々とした大きなアテナ像である。

その昔、アクロポリスのアテナ・ニーケ神殿にはペイディアースがこしらえた見事な巨像が立っていて、女神ながら長槍と楯を持つその軍神の、きらめく槍先と兜の前立はスニオン岬からピレウス港へ入って来る船の上からも眺められたと言う。像はビザンティン時代にコンスタンティノポリス（いまのイスタンブール）へ持ち去られたそうだから、あるいはわたしが見たピレウスの模作品が当時のアテナ像を偲ぶものであるかもしれない。

アテナは、戦争の女神、それも、戦争の勝利の女神である。そのため、しばしば、ニーケ（勝利というギリシア語）といっしょに祀られる。アクロポリスのアテナ・ニーケ神殿はペルシア戦争の勝利を記念して、ペリクレス（ペイディアースの友である有名な将軍）がこれを建てたのである。

ニーケは普通、翼を持った女神である。しかしアテナ・ニーケ神殿でのニーケは勝利が飛び立たないよう、翼の無い女神像だった、と言われている。パリのルーヴル博物館にある「サマトラケのニーケ」には翼があることは御存知の方も多いだろう。

英雄の守護神

アテナが勝利の女神ニーケを伴った軍神であることはすでに述べて来たが、では彼女は、どんな英雄たちに勝利を与えたのだろうか。

女神は先ずオリュンポスの神々がギガス（巨人族と言われ、ウラノスの陽根がクロノスによって切りとられたとき、飛び散った血が大地に落ちて生まれた男たち。同じときに女たちも生まれるのだが、このエリーニュエス―復讐の女神たち―については後に述べる）と戦ったとき、その一人であるパラスを殺し、その皮を剝ぎとって鎧をこしらえた。アテナが、しばしばパラス・アテナと呼ばれるのはこのためである。また、もう一人、逃げようとするエンケラドスを追いかけ、シシリー島に向かってエトナ火山を投げつけエンケラドスをその下敷きにした。凄い女神である。

このような女神を、英雄たちが崇めるのは当然である。ペルセウスもその一人である。

ペルセウスはアルゴス王の娘ダナエーの子である。王は娘が生む男子が自分を殺すという神

ピレウスの博物館でこの像と対面したとき、大きさと立派さに圧倒された。

託を信じて彼女を牢に閉じこめた。しかしゼウスが黄金の雨となってその膝に降りそそいで生まれたのがペルセウスである。がそれとは知らず、娘の不義を怒った父親が娘を、赤ん坊と共に箱に入れて流してしまう。流れついた島で王座を追われ漁夫となっている男の子供として育てられるが、成人したとき、母に横恋慕して来た島の王の前で「ゴルゴーンの首を持って来いと言われてもいやとは言わない」と高言したため、この約束を果さねばならぬ羽目に追いこまれる。

ゴルゴーンは、これまた後に述べる死者の国に棲んでいる凶まがしい三姉妹である。彼女らを見た者はその場で石になると言われていた。ペルセウスは、自分がゼウスの息子であることを信じ、アテナに援助を願う。

アテナはこの願いを受け入れ、ヘルメス(使者の神)を動員して、ペルセウスをゴルゴーンたちの棲家に案内した。ペルセウスはアテナの指示に従い、三姉妹のうち、一人だけ不死ではないメドウサを殺して首を持ち帰り、母と自分に仇なす者たちを総て石に変えた後、その首をアテナに捧げた。女神はその首を自らの楯の中央に付けた。

ギリシア神話中、最強の英雄ヘラクレスもまたアテナの守護を受けている。ヘラクレスはペルセウスの孫、アンピトリオンとその妻アルクメネの子ということになっているが、実は、アルクメネに恋したゼウスが、アンピトリオンに姿を変えて、アルクメネと交わって生まれた子供である。

このことはヘラ大女神の知るところとなり、ヘラはことごとくヘラクレスを迫害する。有名なヘラクレスの十二の大功業も、ヘラの嫉妬で気を狂わされたヘラクレスが妻や子供を人違いで殺してしまったことの罪の償いとしての仕事であることは前にも触れた。このヘラクレスをアテナは赤ん坊のときから護って来た。ヘラの嫉妬を恐れたアルクメネが生まれたばかりのヘラクレスをアルゴスの野に捨てたのを、通りかかったヘラとアテナが見つける。アテナはヘラクレスを不死にしようと、この赤ん坊にヘラ大女神の乳を吸わせる。しかし赤児があまりに強く乳を吸ったため大女神は彼を払いのけた。アテナは払いのけられた赤児をアルクメネに返して「この子は、もはや何者も恐れるものではない」と言った、という伝説もある。また狂ったヘラクレスが妻や子供ばかりでなく、父親をも殺そうとしたのを、アテナが彼の胸を打って気絶させ罪を重ねるのを救った話、十二功業に出発するに際して、長衣を授け、功業最後の大仕事、冥府の犬ケルベロスを退治するとき、案内役を務めている。

トロイア戦争ではもちろんギリシア軍の味方になり、特にオデュッセウスのひいきである。彼は知謀に長《た》けていた将軍だったが、この知恵の出所はアテナの守護によるものであった。また戦争が終り、帰国の途についたこの英雄にさまざまな困難が待ち受けているのだが、いつもアテナに救われる。特に、帰国した彼が息子のテレマコスと共に妻の求婚者たちを殺し、再び故郷イタケの王となるまで、アテナは徹頭徹尾かかわって、これを援助するのである。

吟遊詩人ホメロスは、軍神でありながらお頭《つむ》の弱いアレスを軽蔑して、知恵の女神アテナを崇拝していたらしく、その『オデュッセイアー』のなかで、実に生き生きとこの女神の行動を讃えている。

狩の女神・アルテミス

処女神の潔癖

処女神と言えば、もちろんアテナも処女神なのだが、この女神は、今日の言葉で言えばキャリア・ウーマン的な処女神である。しかしアルテミスは永遠の処女、永遠の少女、とでもいうべき存在である。それだけに、処女の持つ潔癖と、潔癖故の残酷さをも併せ持った女神である。

アルテミスは神話では、若い処女の狩人である。猟犬を連れて山野を駈けめぐりいつも多勢の少女のニンフたちに取り巻かれている。カリストーもその一人だった。アルテミスを尊敬し、女神もまたこの少女を深く愛していた。

ある日、ゼウスが天界からこの可憐な少女に目を留めた。例によって、たちまち浮気心が頭をもたげた。地上に降った大神はアルテミス女神に化けて少女に近付いた。何にも知らない少女は全く警戒心を持たずゼウスを森に誘った。我慢できなくなったゼウスはいきなり男の姿になって少女を抱きすくめ、交わってしまった。

少女は疚《やま》しさと恥ずかしさからこのことをずっと隠していたが、次第にお腹が大きくなった。

ニンフたちは水辺で沐浴するのが日常なので、カリストーはいつも他のニンフたちの目を避けるようにしていた。ところが、とうとう逃れることができない日が来た。アルテミスが皆を引き連れて、いっしょに沐浴することになったのである。カリストーの身体の変化に気付いたニンフたちが騒ぎ出し、それがアルテミスに伝わった。アルテミスは激怒した。処女の潔癖が女神を駈り立てカリストーを森から追放してしまったのだ。

森を追われたカリストーは事実を知ったヘラに熊に変えられてしまい、子供は祖父の許《もと》で育てられるのだが、十五歳になったとき、森に狩に出かけて、熊に姿を変えられた母親に出会う。母親の方は、すぐに息子とわかり近付こうとする。息子の方も何だか奇妙な気持で熊を見ている。しかし熊がこちらに向かってやって来るのを見て、慌てて手にした槍を投げたところ、これを天界から眺めていたゼウスが一陣の疾風を起こして、この母子を天上に連れ去り星座にしたのだ。大熊座と子熊座がそれだというのである。

このお話は、ローマ期につくられた、わたしのいういわゆる第三期のギリシア神話である。アルテミスがアポロンといっしょに生まれた双子であることは前に述べた。二人とも、ゼウスを父としレトを母としているのだが、第一期の神話にその前身を持っている。呉茂一氏は、アルテミスは「……野山の生類と狩猟の司《つかさ》であるが、この『野獣らを統《す》べる御神』……の性格はこの女神に固有なもので、その由来は遠くミュケーナイ時代を遡《さかのぼ》り、クレーテー島のミーノーア文化の信仰に淵源《えんげん》すると考えられる。この野山の女神は、一方では獅子《しし》を引きつれて山野をわたる小アジアの大女神、大神母マグナ・マーテル（メーテル・メガレー）となり、一方では古典期ギリシアの処女神アルテミスとなったものであろう」と分析している。つまり、アルテミスは処女神ではあるが、野獣たちを統《す》べる恐ろしい女神でもあるのだ。

沢山の乳房を持つ

トルコのエフェソスへ行ったときのことである。これがアルテミスだと教えられた女神像の

トルコ・エフェソスのアルテミス像。処女神が乳房を持っている子育ての神だって！　神話の成り立ちの複雑さを知るよすが。

胸には葡萄のような乳房が鈴なりになっていた。説明書には子育ての神だと書いてある。ギリシア神話でアルテミスは処女神だとばかり思っていたわたしはその沢山の乳房に仰天した。呉氏の本を読んだのは、そのあとのことである。

それで納得した。アルテミスは第一期の地母神信仰に匹敵する古い信仰の神で、農耕の神と並んで考えられる狩の神なのだろう。動物並みの沢山の乳房を持って子育てしていることにも意味がある。

太古、子供が多く生まれても母体の栄養状態がそれに伴わないから、乳の出が悪く赤ん坊が育たない例も多くあったにちがいない。動物並みの沢山の乳房は、母親たちの願望であったのだろう。

子育ての神としてのアルテミスは、少年少女の成長を見守る神でもある。ギリシア各地で、日本ふうに言えば成人式のようなものがアルテミスを祀る行事のなかにあったことが知られている。そのなかに少女たちが熊に扮して踊るイベントがあるそうだが、こちらはあのカリストーの悲しい話がからんでいるのだろうか。神話は第一期、第二期、第三期と何層にも錯綜して興味深い顔を見せる。

熊踊りで有名なのは、アテネ近郊のヴラブロンのアルテミス神殿である。古代、四年毎に祭りが催され、五歳から十歳までの少女が黄色い熊の衣裳をつけて踊ったとされている。アテネの中心街から車で一時間半ばかり、観光客もあまり来ない静かな神域である。いかにも処女神アルテミスの名にふさわしい清楚な感じの、比較的保存状態の良い神殿が建っている。

処女で子育ての神。錯綜した伝承のなかで奇妙なキャラクターを持たせられてしまった女神は、しかし愛欲の女神アプロディテとは、いつも対照的に語られる。

先きにあげたエウリピデスの悲劇『ヒッポリュトス』を思い出していただきたい。背景はアルゴスのトロイゼン王宮前の広場で、大門の両側にアプロディテとアルテミスの神像が建てられ、この劇の大枠がこの二人の女神の争い、つまり愛欲と純潔の対立であることが暗示されている。

ヒッポリュトスは、テーセウスの息子で、アルテミス女神を信仰し、いまだに童貞という青年であった。この青年にテーセウスの後添えの妻で、アプロディテに魅いられているパイドラが恋こがれる話だが、パイドラについては前に触れたので、ここでは、アルテミスがヒッポリュトスのような崇拝者を持っていたことを指摘するに留めよう。

ヒッポリュトスはアルテミスに心酔しているのでパイドラの邪恋を退けたのだが、父の誤解によって殺されてしまう。アルテミスはヒッポリュトスの死に際に駈けつけて「お前が死んでも、私がお前を愛おしく思う心は変りませぬ」「これはみな、あの意地の悪いキュプリス（アプロディテ）のたくらみ」だ、「お前が崇めぬのに腹を立て、またお前が堅く身を守るのがキュプリスの気に入らなかったのです」と言うのだ。

神様同士にもそれぞれの価値観があって、その価値観がぶつかり合うのがギリシア神話の面白いところでもある。

はじめに、アルテミスには処女の持つ潔癖と残酷さがあると言ったが、そのことについてもう少し述べよう。処女が、それ自体潔癖さを貫くために残酷さを露《む》き出《だ》しにしてしまうのは、カリストーを許さないアルテミスの行為に象徴されていたが、古代、共同体が処女性をどんなふうに扱っていたかを明らかにするためにも、アルテミスの神話は避けて通れない。

人柱にされる処女

ヴラブロンのアルテミス神殿は、アルテミス女神と同時にイピゲネイアという名を持つ女性をも祀っている。というよりも、ここではイピゲネイアが神になっていて、アルテミスと同神別名と考えられている。

イピゲネイアは、先きにも少し触れたが、ミュケーナイの王アガメムノーンとクリュタイメストラの娘である。ミュケーナイというのはBC一五〇〇年頃に擡頭し、BC一一〇〇年頃に滅んだとされている国で、わたしのいう第二期の神話は、この国に実在した王家と深い関わりを持っている。神話のなかの世界だから、歴史的な文物のなかに証拠が残っているわけではない。しかし、最近の考古学的発見のなかに、次第にその実在性が明らかになり、そのきっかけをつくったのがドイツ人のシュリーマンであることを知っている人も多いだろう。

シュリーマンは、ホメロスの『イーリアス』や『オデュッセイアー』を読んで、ここに書かれているトロイア戦争は夢物語ではなく、実際にあった戦争なのだ、という信念を抱いて発掘作業にとりかかり、トロイアの遺跡やミュケーナイの遺跡を掘り当てた人だ。

ミュケーナイは、ギリシアのペロポネソス半島の北東部にある。王はアガメムノーンで、弟のスパルタ王メネラオスが、トロイアの王子パリスに妻を盗られたことが原因で、ギリシア中の王や将軍に檄を飛ばしてトロイアを攻撃することにしたいきさつはすでに述べた。BC一一九〇年頃のことと言われる。軍はアウリスに集結してトロイアへの出発を待っていたが、いっかな風が吹かない。船は順風を得なければ出発することができないので、兵士たちの苛《い》ら苛《い》らが募り始める。

アガメムノーンは予言者カルカスに命じて、神に伺いを立てる。するとアガメムノーンが以前、アルテミスの聖なる鹿を射て女神の怒りを買ったことが原因だとわかる。女神の怒りを解くには、アガメムノーンが所有している最も美しいものを捧げなければならない。つまり、娘のイピゲネイアを人身御供にせよとカルカスは言う。わたしたちの国においても、昔、橋を架けるときなど、よく人柱と言って人身御供を捧げた習慣があった。また村に災難が降りかかって来ると娘を差し出して難を逃れた。出雲神話のヤマタノオロチなどを思い出してほしい。人身御供はたいてい処女である。それも、共同体の長《おさ》の娘である。伊勢神宮などに天皇の娘とか妹とかを即位のとき斎宮《いつきのみや》として送り、処女として国の始祖である女神に仕えさせるのは、わたしたちの国ではごく最近まで残っていた習慣であった。

さて、アガメムノーンは悩んだ。父親として最愛の娘を人身御供にする苦しみもさることながら、どうして娘を呼び寄せようか、ということである。これには知将オデュッセウスが策を授けた。婚礼を口実にするよう進言した。アガメムノーンは止むなく、勇将アキレウスとの結婚式を挙げることを理由にミュケーナイからイピゲネイアを呼び寄せた。もちろんアキレウスには無断である。悲劇作者のエウリピデスには『アウリスのイピゲネイア』という作品があって、アキレウスの働きなども面白いのだが、ここはそれを割愛しよう。

父に欺かれているとも知らずアウリスにやって来たイピゲネイアは、事の真相に歎き悲しむが、ギリシア軍のために、と決意して生《い》け贄《にえ》の祭壇に上る。だが刀が振りあげられたとき、アルテミス女神がイピゲネイアを牝鹿とすり替え、人びとが見たのは首筋を切られた牝鹿の姿だけであった。イピゲネイアはどこかへ消えていた。やがて風が起こり、軍勢はトロイアに向かって出発することができた。

アルテミス女神とイピゲネイアを異名同称とするのは、ギリシア軍の難儀を救った女性を、神格化しようとした人びとの意識によるものだろう。

犠牲《いけにえ》を求める神

アルテミスに救われたイピゲネイアがその後どうなったか、誰でもが知りたいところである。前記のエウリピデスは、このあと、アルテミスがイピゲネイアをタウロイ国に連れて行って、そこの神殿の巫女にしたという伝承をとって、『タウリケのイピゲネイア』を書いている。タウロイ国というのは黒海の奥、ギリシア人から見れば蕃族の住む国である。ここで巫女となったイピゲネイアは、漂流して来る異国の者を生け贄にする役目を担わされている。

もっともイピゲネイア自身が直接手を下すのではなく、生け贄になる人間を定める役目なのである。実際に殺すのはタウロイ族の王に仕える兵隊たちである。

悲劇では、この島にイピゲネイアの弟であるオレステスが流れ着いて来て、長いあいだ生き別れになっていた姉弟が殺す者と殺される者の立場で出会い、劇的曲折を経て、アテナ女神の援《たす》けによって無事タウロイ国を脱出するのだが、そのことは、アルテミスに直接関係ない。この伝承とそれにもとづいた劇において重要なのは、アルテミスが、黒海の奥の地方に祀られているということであり、人身御供の習慣と深い関わりがあるということである。

もともとアルテミスは第一期の神であるから、オリュンポスの神々を中心とするギリシア神話以前の土着の信仰に根強く掩《おお》われている。アルテミスの一見、矛盾したキャラクターがこの構造によるものであることはすでに指摘して来た。タウロイ国で人身御供の社になっていることでも明らかなように、他国者を除こうとする強い意志を持った神として祀られている。

このことは、この神がきわめて動物的な要素を残していることを証拠づける。アルテミスは動物の守護神であると同時に、動物そのものの要素を残している神なのだ。人間が、未発達の段階において所有していた群れを護る本能にもとづいた残酷さである。これは、戦争を起こし人殺しをする男性社会の残酷さとは、また異質の残酷さである。群れを護るために侵入者を血祭りにあげる残酷さである。当時の、というのはBC四一四年から四一二年頃のことであるが、その時期に作られた『タウリケのイピゲネイア』が黒海の蕃族の国という設定のもとに、古い習慣をアルテミス女神に担わせているのは興味深いことである。こうした伝承の錯綜のなかに、わたしは人身御供の問題においても、男性優位社会以前にあっては、女性が定めていた人身御供を、男性優位社会になるに及んで、女性自身が人身御供とされる事態に変化して行ったことを確認する必要があると思うのである。

夜と呪術の女神・ヘカテ

ヘシオドスの長い詩

読者は、第一章でメディアが、魔術を使うとき、ヘカテの神を念力で呼び寄せていたことを記憶しておられるだろう。

オリュンポスの神々の神話のなかでは、この神自身の物語はないが、凶まがしいときに口にされることの多い、その意味では、もっとも不気味な神かもしれない。そして、この不気味という雰囲気を持っていることにおいてきわめて女神的である。それも、古い、わたしの言葉で言えば第一期の女神的である。

ヘカテはあのウラノスとガイアが最初に生んだティターン神族の孫世代の神であるから、本当はオリュンポスの神々と同じ世代の神々であるべきなのに、古い神の印象を与えるのは、ヘラやアプロディティテやアルテミスなどと同様に、それぞれの土地の地母神神話と結び付いた神であるからだろう。

事実、ヘカテを月の女神セレネ（同じくティターン神族の孫世代）と同じ神として捉え、アルテミスと同一視する神話もある。月の女神はローマではダイアナと呼ばれ、これが第三期神話ではアルテミスと同じ神なのである。先きのアルテミスのところで、彼女の残酷性について触れたが、残酷性ということで、ヘカテとアルテミスは繋がっているのかもしれない。

　しかも不思議なことに、この残酷な神が同時に人間に限らず、山野に生きる獣、家畜までをも含めて、子育てを援《たす》ける神という一面を持っているのも興味深い。もっとも、現在の人間の生活からはなかなか想像できないが、動物たちの子育てを見ていると、他者に対する残酷非情な面が無くてはかなわぬ。当然のことなのかもしれない。

　またゼウスは彼女を尊び彼女の本来の力を何ひとつ奪わず、天上、地上、海中での力を与えたらしい。神話に主人公として登場しないが、ホメロスと並び称される詩人ヘシオドスがその『神統記』で特別に「ヘカテ頌《しょう》」という長い詩を捧げている。ホメロスが一言も触れない神様なのに、ヘシオドスがこんなにも長い詩を捧げるのも何だか研究の余地のありそうなところだが、先ず、全部を聞いてみよう。

「また彼女《ヘカテ》は　星散乱《ちりば》える天にも特権を授かり　かくて
不死の神々の間でも　とりわけ敬われている。
というのも　今もなお　地上に暮らす人間どものたれかが

見事な供物を捧げ　慣習にのっとって祈りをあげるさいには　いつでも
その者はヘカテに呼びかけるのが習いだからだ。その者には
大きな御利益《ごりやく》がいとも容易にやってくる
女神がその人の祈りを　好意をもって聴きとどけられると。
また女神は　その者に福運を授けられる
まさしくこのお方には　その神威《ちから》が宿っているのだから。
というのも　およそ大地と天から生まれ
特権をもつかぎりのすべての神々の間で　彼女は　御自身の権能をもつからである。
クロノスの御子（ゼウスのこと）は　彼女《ヘカテ》に暴力を振うことも
また　奪い取ることもされなかったのだ
彼女が先代の神々であるティタンの族《やから》の間で　これまで保持していたかぎりのものを。
女神は　（権能の）分配がまずはじめに行なわれたそのままに　いまも保持したもう。
ひとり娘におわすからといって　女神はわずかな特権しかもたないどころか
大地にも天にも　また海にも権能を　保有したもう。
むしろ　かえってはるかに大きな権能を授かっていられるのだ
ゼウスが彼女に栄誉を与えたもうのだから。

御心に叶う者には　女神は　大いに援助し　恵みを施される。
また裁判のさいに　畏《かしこ》い貴族たちの傍らに坐したもう。
また　集会場で　衆に抜きんでて目立ちもする　女神の御心に叶う者は。
男たちが人を滅ぼす戦《いく》さのために
身支度するさい　そのときも　女神は
進んで勝利を与え誉れをもたらす　御心に叶う者たちに味方して。
騎手にとっても御力は偉大である　援助をされるからだ　御心に叶う者たちには。
また人びとが競技で技を競うときにも　御力は偉大である
そこでも　女神は　彼らに援助を与え恵みを施されるのだ。
するとその者は　力と強さで　見事な賞品を獲得し　それを
やすやすと心楽しく（家に）運び　両親《ふたおや》に誉れをもたらす。
また　灰色の荒れ模様の海で　生計《たつき》の業に励み
ヘカテと轟音とどろかす大地を震わす神（ポセイドン）に祈りを　あげる人びとにも
栄えある女神は　大きな獲物を　いとも容易に授けたり
目の前に現われた獲物を　造作もなく奪ったりもなさるのだ　お気の向くままに。
ヘルメスと御いっしょに　畜舎の家畜を殖やすのにも　女神の御力は偉大である。

牛の群れ　また山羊どもの　幅広い群れ
長毛の羊らの群れを　女神は　お気の向くままに
僅かのものから　殖やしもするし　また多くのものを減らしもされる。
このように　母のただひとりの娘ではあっても
八《や》百万《およろず》の不死の神々の間で　これらの権能によって敬われている。
クロノスの御子は　彼女を　また　子供らの養育者とされたのだ　彼女の後から
数多《あまた》の事物を見そなわす曙《エオス》の光を　その目で見ることになった子供たちの。
このように　はじめから　子供の養育者であり　これが彼女《ヘカテ》の特権である。」

裏舞台の神

「ヘカテ頌」の全文を紹介したものだが、ホメロスに全く出て来ない女神が、ヘシオドスにあっては、こんなにも力をこめて語られることについて、学者や研究者のあいだにもかなりの疑問があるらしい。実際、『神統記』にあっては、ヘカテはヘラよりもアテナよりもアプロディテよりも重要な神として扱われている。呉茂一氏はそのことを「この五十行にあまる長いかつ熱心な叙述には、おそらくこの辺（ギリシアの農産地帯のある部分――ヘシオドスは農夫であった）の作者のヘカテー女神に対する何か特別な関係がかくれているように思われる」と説明する。

確かに、それも真実と思うが、わたしはヘシオドスの「頌」のなかに何度か表われる「権能」という表現に注意した。ギリシア神話の神々は前にも述べたけれども、人間の生活のさまざまな分野を役割分担して、それぞれ保護したり、促進したり、制裁したりする神であるのだが、この「権能」という表現には、役割分担以上の、権力を含むものを感じる。神々のなかで、この権能という言葉にふさわしい力を持っているのは、男神のゼウス、ポセイドン、ハデス、女神ではヘラぐらいのものであろうか。そこでわたしは男神による権能三分の話を思い出した。

ウラノスとガイアの子供たちは、大別してティターン神族とオリュンポス神族とに分れる。そしてこの二つの系列の神様たちはトロイア戦争まがいの大戦争をして、遂にティターン神族はオリュンポス神族に負ける。オリュンポス神族の、つまりクロノスの子の三人の男神、ゼウス、ポセイドン、ハデスはくじを引いてそれぞれの権能を定めた。ゼウスが天、ポセイドンが海、ハデスが冥界の支配者となった。

この権能と、ヘカテが持っている権能との関わりが問題となるところである。三兄弟が支配していないのは地上である。地上は大地―ガイアの支配するところであるから、大地母神の勢力に属する。オリュンポス神族では土地の守護神の性質を帯びていたヘラがこれに相当するだろう。しかし、もともと母権社会、女神の支配するところを、男神がとって替った結果、女神の権能がずいぶん縮小された形で神話がつくられて行ったので、ヘラ女神の権能は三男神に従

これはギリシア・エリコナス付近の荒野。ヘカテはこのどこかにひそんで旅人に禍いを与えた……。（撮影：著者）

属するものとなってしまった。

ヘシオドスが、どのような伝承を根拠にして「ヘカテ頌」を謳《うた》いあげたかはわからないが、オリュンポス神族がティターン神族を滅ぼしたとき、男性優位社会が成立したとするならば、ティターン神族のヘカテに、滅されたものとしての女性社会の象徴として、天上、地上、海中にわたる、ある意味で空疎な権能を与えられていた、と言ってもよいのではないか。

事実、ヘカテは、ヘシオドスにあれ程謳《うた》いあげられているにもかかわらず、神話のなかでは何の働きもしていない。それどころか、地上の神から次第に地下の神、冥界の神の方に押しやられて行った。メディアのところで紹介したように、凶まがしい世界の支配者という要素が強くなって行くのである。

通常、ギリシア神話の表舞台は、明るく晴朗なものであるが、ヘカテの担当する世界は、いつのまにか暗い陰気な裏舞台ということになってしまった。ヘカテは、あらゆる精霊、呪法の女神となった。彼女は炬火《たいまつ》を手に、地獄の猛犬を従え、淋しい夜道を疾駆する恐ろしい妖怪と考えられた。十字路や三叉路に現われ、牝犬、牝馬、牝狼の姿をとるとも言われた。旅の途中、この妖怪に襲われることを恐れて、人びとは十字路や三叉路に像をつくってお供えをした。これが「ヘカテの馳走」と言われるもので、貧民の食物になったのである。このあたり、日本の道祖神とよく似た存在である。

豊穣の女神・デメテル

これまで述べた、ヘラ、アプロディテ、アテナ、アルテミス、ヘカテ、などの神々をわたしは「畏怖された神々」と名付けた。人びとを護ると同時に罰をも下す恐ろしい神々でもあったからだ。しかし女神のなかには、このような恐ろしい神々ばかりではなく、徹頭徹尾人間の味方であった神もいるわけで、その代表がデメテルだ。

デメテルは、第一期の大地母神を直接表わす神である。その娘ペルセポネは母神娘神の組合せで大地とその穀物の種子になぞらえられている。オリュンポスの神々の神話のなかでは、デメテルはゼウスやヘラと同じく、クロノスとレイアの子供で、ゼウスの姉妹神である。娘のペルセポネはゼウスとのあいだの子供である。デメテルはヘラにも並ぶ大女神なので、デメテル＝ゼウスの組合せは当然のことであるから、ヘラの嫉妬の神話は残っていない。

デメテル・ペルセポネは農耕神話である。農耕神話をめぐる、母神、娘神の物語は次のようなものである。

冥界の王ハデスが、この娘神ペルセポネに恋をした。ある日、野原で花摘みをしているペルセポネのところへ突然現われて、彼女を冥界に拉致して行った。

娘がいなくなったので母親のデメテルは必死で捜し廻った。そして冥界に連れ去られたことを知る。しかも、ハデスとの結婚は、ゼウスも承知だと聞き激怒する。以来、デメテルはオリュンポスの神々の集まりに顔を出さず、姿を変えてペルセポネを尋ねて旅に出る。この旅の途中でエレウシスに立ち寄り、ここで領主たちの歓迎を受け、生まれたばかりの男の子の養育をまかされる。

アテネの考古学博物館に行った方は、「エレウシスの浮彫」をごらんになったことだろう。左側にデメテル女神、右側に娘神ペルセポネ、真中にいる少年にデメテルが麦の穂を手渡そうとしている図柄で、神が人間に初めて穀物の栽培法を伝えた場面であるとされている。

デメテルは子供を不死にしようと、さまざまな秘儀を施した。昼のあいだ神の食べものを子供の肌にすりこみ、抱いて過ごし、夜になると熱い灰に埋めこんで、身体の可死である部分を捨てていた。しかし、この作業は、あるとき、覗き見していた子供の母親に見つかってしまった。彼女が大声をあげて救いを求めたので女神は怒り、その場に子供を放り出し、神の姿を現わしてこう言った。「このようなさかしらなことをしなければ、この子は不老不死になれたのに。しかしわたしが育てたのだから、必ずいつの世も栄えある生きかたができるだろう。わたしは女神デメテルである。人々に告げて、ここにわたしの神殿を築くよう」と言うなり消えてしまう。

秘儀で有名なエレウシス神殿の縁起である。

一方天界では、女神が一向に姿を現わさないので次第に心配になって来た。デメテルは豊穣の女神であるから、この神がいないと穀物は芽ぶかず、木は実を結ばず、家畜は仔を生まない。地上には飢餓が続いて神々への御供物も失《な》くなりそうな状態。ここへ来てゼウスもようやく事の重大さに気付きデメテルに使いを出し、神々のところへ帰ってくれるよう懇願する。他の神々もそれぞれに贈りものをして女神の心を和げようとするが、デメテルは娘に会うまではと頑《かたくな》な姿勢を崩さない。

ゼウスは使者の神ヘルメスをハデスのところへ送ってペルセポネを母神のところへ帰すよう説得させる。ハデスはヘルメスに言いくるめられて承知するが、ペルセポネが帰ったきりになることを恐れて、欺してざくろの実を食べさせる。冥界の食物を食べると、冥界

エレウシスのデメテル神殿。背後の暗がりは冥界へ通じる道と言われる。(撮影：著者)

の人間になってしまうのだ。ペルセポネが戻って来て大喜びしたデメテルはそれを知り、娘を再び手離さねばならないことを歎く。

そこへゼウスの使者として、彼らの大地母神であるガイアがやって来て、デメテルを諭す。「あまりに際限なく事を構えてはいけない。人間たちの暮らしを支える稔《みの》りを、直ちに生え出させなさい」と。そして妥協案を示す。花が咲き、穀物が実を結ぶ春夏（古代のギリシアでは、ここに秋が含まれていたと考えられる）はペルセポネは地上に出てデメテルといっしょに暮らすが、冬には地下に帰りハデスと暮らすというものである。

デメテルはガイアの意見に従い、地上には再び稔りが戻った。このデメテル・ペルセポネの母神娘神の物語は世界中いたるところに類似のものがあるようだ。

家の守護神・ヘスティア

ヘスティアは、神話のなかでは目立たない神である。ヘカテよりも、もっと触れられることが少ない。クロノスとレイアのあいだに生まれているが、かまどの神とされたため、目立たなくなってしまったのだ。クロノスとレイアのあいだには、重要な神々が生まれている。天界を統一する雷神ゼウス、海の神ポセイドン、冥界の王ハデスの三人が男神、結婚とお産の神ヘラ、豊穣の神デメテル、かまどの神ヘスティアの三人が女神である。目立たないけれども、古代のかまどの神は、非常に重要な神であった。日本ふうに、かまどと紹介したが、炉といった方がよい

ヘスティア、この地味なかまどの女神を描いたものはあまり無い。珍しい壺絵。

かもしれない。

炉は家庭生活の中心の場所である。食物を煮たり、焼いたりする。家族はここで食事をし、一日の仕事のあとの団欒をたのしむ。ギリシアでは、いまでも古い習慣を残している家では、食事どきに、食物の一部を最初にヘスティア様に捧げるそうだ。

ヘスティアはアポロンとポセイドンに求婚されたが断り、永遠の処女を守る許しをゼウスより得た。ゼウスは彼女に総ての人間の家と神々の神殿で祀られる特権を与えた。ヘスティアは、他の神々が全世界をあまねく飛び廻っているのに比べて、何処へも出ていかないで家の炉を護っている。従って彼女には物語がない。

しかし、ローマは、ギリシア神話を家父長制度確立のために徹底的に利用した国だから、このヘスティアにも特別の意味を与えた。つまり主婦たちの神様にしたのだ。ヘスティアはローマ名でウェスタと呼ばれる。ローマの神殿ではこの女神は神像は無く、火として表現される。神殿で絶えず保たれる火、それがウェスタである。

『ギリシア・ローマ神話辞典』によれば、この神様の祭りはウェスターリアと呼ばれ、「六月九日に催され、同月七〜十五日のあいだ、神殿の倉が開かれ、主婦たちは供物を捧げた。このあいだ公事は休みとなり、九日には女神の聖獣たるろば（驢馬）はすみれで飾られ、休みを与えられた。祭のあとで倉は閉じられ、神殿は清掃された」とある。

この記述からは、具体的な祭りの有様がいまひとつ明確ではないが、何となく、日本の小正月、女正月のような雰囲気もあり、おまけに聖獣が、愚鈍で辛抱強い（実際のロバの性質については異論もあろうが、西欧ではそんなふうにみなされている）とされるロバであるのも、それが主婦の象徴とされているようで、まずはいただけないお祭りではある。

第三章　凶事を担当するニンフ集団

エリーニュエス・復讐の女神たち

生まれと役目

復讐の女神、先ず、凶まがしいこの名前を持つ女神たちの生まれについては以前に少し触れた。天空ウラノス（父）の陽根を、大地ガイア（母）の命令によって、その息子クロノスが切りとったとき、飛び散った血が大地に吸いこまれてそこから生まれ出た神々である。

従って、ゼウスよりも古いとされていて、ゼウスの権力の埒外《らちがい》にいる神々である。

古い神々であるがお産や土地の守護神ではない。共同体のなかの自然法に反する行為をした者に対して罰を与える神である。すなわち、肉親を殺したり、犯したりする罪を追及するのである。呉茂一氏はこのことを次のように述べている。

「彼らの職能はホメーロス以来、罪過、それも社会の掟、ことに古代社会でもっとも重要視されていた血縁関係の掟を冒瀆《ぼうとく》する者への復讐、処罰であった。一つの部族は血縁関係者の集団であるから、その根本原理の破壊は最も戒められなければならない、されば血族を害した者は、その部族から放逐されるのみでなく、どこまでも罪を責め正される」

ここで注意しなければならないのは、古代社会のこうした血縁共同体内での罪の裁き手が、男神ではなく、女神であったことである。第一期の神々には男神は無く全部女神であったことを、ここでもう一度確認しておく必要がある。しかも、エリーニュエスに追いかけられるのは、大てい男性である。古代が女性原理によって統一されていたことを証するものである。

また、彼女たちの姿形は、通常、翼を持ち、頭髪は一本一本が蛇で手には炬火《たいまつ》をかかげて罪人を追い廻し、遂には狂気に到らしめると言われている。ギリシア悲劇でこのエリーニュエスが登場すると、現代でも観客に異様な恐怖感を喚《よ》びさます。

前述のクリュタイメストラの項でも述べたが、『オレスティア』というアイスキュロスの三部作があって、母親を殺したオレステスがエリーニュエスに追われてアポロン神殿に逃げこむ場面がある。この劇ではエリーニュエスがコロスになっているのだが、初演のとき、オレステスをひしひしと取り巻く五十人のエリーニュエスの恐ろしさにアテネっ子たちが震えあがったので、以来、コロスの数が減らされた、という、コロスの構成人員にまつわる嘘のような、本当のような話が残っているくらいだ。現在のコロスの数は十二、三人から二十人くらいまでだが、それでも『オレスティア』のなかで、真暗な闇のなかを、点々と炬火が近付いて来て、やがてエリーニュエスが姿を現わすと、やはり身震いする。日本版でこの劇が鈴木忠志演出の利賀山房で上演されたとき、ぞっとした。日本版のエリーニュエスは、合掌づくりの古い民家を改造した舞台の天井の梁や柱のかげからぶら下って現われて、わたしたちを脅やかした。人間の無意識の層のなかにある掟に対する恐怖感は洋の東西を問わないものなのかもしれない。

さて、この章で述べるのはニンフ集団ということで、ニンフはいつでも群れをつくって行動しているので、その数は何人くらいだろうか、問題になるところである。これが演劇に出て来たときの数は、舞台上の効果などから考えられるものなので、一応無関係かもしれないが、わたしは古代人の意識の形態として、エリーニュエスはやはり演劇の上演形態とは無縁でなかったような気がする。つまり、人間の意識を圧迫して狂気に到らしめるほど、数が多かったと思えるのである。研究書によれば、最初その神の数は不定であったが、後にアレクトー、テイシポネー、メガイラの三人と定まったとされるが、あまり根拠のない話である。

演劇に登場する

ギリシア悲劇のコロスとして登場するエリーニュエスの話を、もう少し詳しく述べよう。もっとも有名なのは先きほどあげた『オレスティア』なのだが、ここには母殺しの息子を追いつめるエリーニュエスが登場する。

前にも述べたが、オレステスは、アガメムノーン王と妃クリュタイメストラの子である。父がトロイア戦争に出征中、母は愛人をつくり、父が帰還するやその愛人と共に父を殺した。オレステスはその父の仇を討って母を殺したことを、読者はすでに知っている。

しかし、これはエリーニュエスの掟で言えばオレステスが悪いのである。母クリュタイメストラはその夫を殺したけれども、夫は他人である。太古の女性を中心とした母権社会の理屈で言えば、夫、などという考えかたはないので、単に、外からやって来た男である。外からやって来た他人を殺すことはエリーニュエスの掟では咎められない。たとえ、父の仇を討つにしろ、母を殺したオレステスの方がエリーニュエスの審《さば》きを受けねばならない。

ところが、この物語が成立した頃は、男性優位社会確立の真っ只中。オレステスの仇討をどうでも正当化しなければならない。そこで、オレステスにアポロンの神託として仇討を命じる。もちろんエリーニュエスも黙ってはいない。オレステスをアポロン神殿に追いつめて狂わせてしまう。新旧のモラルの激突である。

ここで悲劇作家のアイスキュロスは、エリーニュエスを卑しめて、このように描写している。

「だが、その男(オレステスのこと)の前にです、何と言いようもない奇怪な女の姿の、一群れが眠ってるのです、台座の上に腰を据えて。いえ、女とは言うまい、ゴルゴンども(これは、この後に述べる)です、でもさあ、ゴルゴンともまた様子がちょっと違いましょうか。以前に私はピネウス王のご馳走をさらっていく(ハルピュイアイの)絵を見ましたが、それとは翼《はね》のない姿は違っているものの、すっかり黒ずくめのところや、忌《い》まわしい気持のわるい様子はそっくり。それがいびきをかいている吐息の凄じさは近よりようもないほど、眼からはまた、嫌らしい汁《しる》を垂らして。その着物とて、神さま方の御像の前では身に着けるのも障《さわ》りがあるもの、世の人の住居に入るさえ憚《はばか》りがあろう、このような族《やから》のものの寄り集りは今までかつて見たこともない、またどのような国も、こうした類《たぐい》を平気でもって養い育てて得意がり、その骨折りを後悔しないところはあるまい」

と、かなり手酷く侮蔑の言葉を投げつけている。これは女性社会の掟の神であった者を、ひどく卑しめることによって女性を卑しめ、低い地位におこうとする試みの一つである。

この台詞のなかに出て来るハルピュイアイとは「掠《かす》める女たち」という意味でエリーニュエスの婢女《はしため》とされていて、人びとは墓場に死者を送ったとき、彼女たちに供物を捧げた、とされている。

いずれにしろエリーニュエスは、血縁社会の掟破りを罰する神であったのだが、男たちは、その神を恐れるのではなく、避ける方向に意識を持って行った。汚ならしい者として斥《しりぞ》ける傾向を演劇の効果によって助長して行った。

これはデルポイの巫女の台詞だったのだが、アイスキュロスはさらにアポロンの台詞として、こんなふうに言わせて、エリーニュエスを弾劾する。

「……この嫌らしい娘たちは、年を経た老いの娘だ、この者たちとは、神々の誰一人として、また人間も、野獣とて、かつて交わることがないのだ。彼らこそ悪のために生れ出たもの、忌まわしい闇に棲まい、地の下なるタルタロス（無間地獄）を居として、人間界にも、オリュンポスなる神々にも、憎しみを受ける」

と、こっぴどくやっつけるのである。

もちろんエリーニュエスは、これが男性社会からの嫌がらせであることを知っている。裁判の場で反撃に出る。

呪いの女神たち

母殺しのオレステスに罪があるかないか。これは母権社会から男性優位社会へ移行する際の共同体の一大意識革命である。

そこでオレステスはアレスの丘で裁判にかかる。アテーナイのアクロポリスの西の小さな丘で、アレスがここで裁かれたのでこの名がある。

アレスは自分の娘がポセイドンの子に犯されそうになったのでこれを殺した。ポセイドンというのはゼウスの兄弟なので、ゼウスの子であるアレスは、従弟を殺したことになる。肉親を殺した廉《かど》で、オリュンポスの神々が彼を裁いて、一年の奴隷生活の刑に服さしめた。以来、この丘はアレイオス・パゴスと呼ばれる裁判の場所となり、殺人、放火などの重大犯人を扱うこととなった。
アイスキュロスの悲劇によれば、オレステスの裁判はアテナ女神が議長で、十二人の市民が裁判官、アポロンの神が被告オレステスの、いわば弁護人で、復讐の女神、エリーニュエスが原告ということになろうか。劇構成ではコロスとなっているエリーニュエスが、裁判の始まる前に、こんなふうに喚《わめ》きたてる。

「今こそは、新規な掟やけじめへの
どんでん返しだ、この母親殺しの
言い分や、した悪行《いたずら》が
通って、勝を占めるとなら。
さっそくにも、この裁きの始末は、
みな、世の人をいとも気やすく悪行へと
導こうよ、これから先はいろんな苦難に、
いやまったく親とても、子供に深傷《いたで》を
負わされる羽目にまで、立ちいたろうよ。」

アテナの主宰したオレステス裁判。エリーニュエスはこの背後で怒りの声をあげていた。

訳文は、古代ギリシア語の雰囲気を保つ言いまわしになっているので、現代の若い方に馴染めない表現かもしれないが、この母親殺しが認められるなら、これまでの社会の秩序が壊れる、親が子供に傷めつけられる時代が来る、と喚きたてているのだ。

エリーニュエスに反対するのは、ギリシアに新しい共同体の掟を持ちこもうとしている、男性優位社会確立の意志だ。オレステスの母親殺しが認められるのは、彼が父親の仇を討ったからだとされる。

ここで、母親より父親が大事という、アポロンの神のオレステス援護の大演説がなされる。

「だいたいが母というのは、その母の子と呼ばれる者の生みの親ではない、その胎内に新しく宿った胤《たね》を育てる者に過ぎないのだ、子を儲けるのは父親であり、母はただあたかも主人《あるじ》が客をもてなすように、その若い芽を護り育ててゆくわけなのだ」と、日本では戦前までよく言われていたあの父親が種子で母親が畑だから、種子の方が大事だという思想が、このBC四五〇年代に初めて公言されたのである。

また、ここでアイスキュロスは、わたしが前にあげたアテナ女神の出生を言いたてる。つまり、「母はなくとも、父親たり得る」例として、父神ゼウスの額を割って生まれた女神を持ち出すのだ。

エリーニュエスは、母権時代の秩序の護り手だから、母親の罪を言いたて、夫を殺したあの母を、どうしてあなたがたは追い廻さなかったのだ、というオレステスの反論に、いともあっさりと、「殺した男と、血つづきではなかったからだよ」と答える。

変節させられる女神

さていよいよ裁判が始まり、市民たちが投票の石を壺に投げこむのだが、開票の前にアテナ女神がこんなふうに言う。

「して私は、この投票を、オレステースのほうに加えましょう。なぜならば、私に生みの母というのは誰もありません。……私はすっかり父親側ですから。それゆえ、家のつかさである夫を殺した、女の死にざまのほうが、大切《だいじ》だなどとは思いますまい。それでもし投票の決定が同数ならば、オレステースの勝訴とします」

結果は白黒同数。よってアテナ女神はオレステスの味方をし、エリーニュエスは敗れる。当然、彼女たちは激怒する。劇のト書では「不満の形相すさまじく」と描写されている。

「私らは、こうもみじめに侮辱されれば、
ひどい怨みを　かえしてやろうと、
この土地にだよ、いいかね、
毒を、毒を、嘆きの代りに、
吐きかけてやる、心臓からの
その滴りは、この郷《さと》を
石女《うまずめ》にしよう、そこからして
枝葉を枯らす黴《かび》が生え、子種も涸《か》らす、
復讐《しかえし》だ、報いの罰だ、
地面《じべた》の上にしずり落ちれば、
人を害う汚染《けがれ》を国にしみつけよう。」

ここへ来て、復讐の女神というのは、男性社会成立のプロセスが招いて来た、あらゆる歪《ひず》みに否《いな》を唱えたかたちの力の象徴であったことが明らかになって来た。

その明晰な知性を標榜して現われて来たギリシアの男性社会は、エリーニュエスを凶まがしいものとして差別する方法で、先ず押さえこんだ。しかし、凶まがしいものを存続させるということは、人びとにとって執拗な恐れを内在させることになる。そこで、男たちは、この恐ろしい女神たちを自分たちの秩序のなかに取りこむことを考えた。その仲介をするのは、もちろん、女性でありながら男性の味方をするアテナ女神である。

アテナ女神は、裁判に敗け、怨み節を述べたてているエリーニュエスを宥《なだ》める。あなたたちは、裁判で不面目になったわけではない。この土地に逗留して、アテナ女神と同じ尊敬を受けるようにしようというわけである。「あなた方は、この郷《さと》で、とこしなえに、正しい権威を享受し、よろずにつけ、名誉を受けていくのです」とアテナ女神が保証する。「どんな家でも、あなたなしでは、栄えていけない」というふうにする、とアテナ女神は言う。すると、エリーニュエスの方は「アテナさまと、いっしょの住居を、お諾《う》けしましょう」ということになる。

女神たちの名も、エリーニュエス（復讐の女神たち）から、エウメニデス（慈《いつくし》みの女神たち）に変る。何だか、今日の政治家たちの政策変更の動きにでもありそうな事態だが、このことによって、母権社会の神々の名残りだったエリーニュエスも、すっかり消滅させられてしまうのだ。もちろんエウメニデスという名になって、アテーナイの地下を護る女神となるのだが。

ただ、ここでもう一つ、興味深い話を付け加えておこう。

オイディプス王と言えば、知らぬこととはいえ、父を殺し、母を妻にするというおぞましい運命を担った男なのだが、このオイディプスが自分の所業を歎き、われとわが目を潰し、盲目となって各地を放浪、最後の死に場所をこのエウメニデス女神たちの神域に求めて辿り着く話があるのだ。ソポクレスの『コロノスのオイディプス』という悲劇である。コロノスはアテネの北西郊外と言われ、ここは、例のデメテル女神の神域エレウシスと方角的に一致する。デメテル＝エリーニュエスといって、この豊穣の女神と復讐の女神を一つに捉える信仰もある。わたしのいう第一期の神々ならそうしたこともあり得るだろうが、はっきりしたことはわからない。しかしとにかく、父を殺し母と交わるという男性優位社会の歪みのような罪を犯した男が、エリーニュエスによって救われることは意味深い。これは後にもう一度述べることにする。

死者の国のニンフたち

おぞましいゴルゴーン

どういうわけか、ギリシア神話のなかで群れをなしている神々、位から言えば、神様としては一段下の位の神々、ニンフと呼ばれていいような一群の神のなかには、おぞましい女たちが多い。前述のエリーニュエスはその筆頭だが、ゴルゴーンはそれに次ぐものである。

ニンフのなかには大洋神オケアノスの娘たちオケアニデスといった河川の精たちや、森のニンフ、エコー（谺《こだま》）といった美しい者も沢山いるが、何故か、神話に始終登場するのはおぞましい女たちが多い。おぞましい女たちが男たちを苦しめたり、被害を与えたりしたせいかもしれない。また、こうしたおぞましい女たちをこそ、女が力を持っていた時代の名残りとして、男たちは除去しなければならないと考えていたのかもしれない。

ゴルゴーンは三人娘である。ステンノー（強い女）、エウリュアレー（広くさ迷う、あるいは遠くに飛ぶ女）、メドウサ（女王）と呼ばれていた。なかでも有名なのはメドウサだが、この女神は別に述べよう。

ゴルゴーンは醜悪な顔立ちで頭髪は蛇、歯は猪のように牙を持っている。背中には黄金の翼が生えていた。またその目は人を石に変えてしまう力があった。彼女たちのうちメドウサだけが不死でなかったのでペルセウスに殺されてしまうことは前に少し触れた。

彼女たちは死者の国に棲んでいて、神も人もこれを恐れたと言われる。ということは、彼女たちはオリュンポスの神々を中心にした神話以前の、つまり第一期の古い神々であるということになる。

彼女たちは先ず、主として厄除けの神であった。恐ろしい顔立ちや、見られると石になってしまう眼力など、この厄除けのためのものである。建物の壁や、武器などにゴルゴーンの頭を付ける風習もあったらしい。

ゴルゴーンは、ポルキュスとケートーの娘である。ポルキュスとケートーというのは兄妹(姉弟かもしれないが、とにかく同胞《はらから》)で、古い神話では、大地女神ガイアと海の神ポントスの子たち、ということになっている。大地女神ガイアと、天空ウラノスとのあいだに生まれた子供たちは、後々、オリュンポスの神々になって行き、ギリシア神話の中心部分を占めるようになるのだが、海の神とのあいだの子供は脇役に押しやられている。このあたり、神話学の研究としては面白いのかもしれないが、それはさておき、ポルキュスとケートーは、ゴルゴーンの他にもう一組三人娘を生んでいる。グライアイである。

三人娘と言っても、グライアイというのは老婆たちという意味である。生まれたときから老いているのだ。そのため、三人で一つの目、一つの歯しか残っていない状態で生まれて来た。三人は、この一つの目と一つの歯を順番に廻して見たり食べたりしていた。しかも不死であるから、永遠に太陽の射さない常夜の西の涯《は》ての国に住んでいる。

グライアイはメドウサの番をしていたのだがメドウサ退治に来たペルセウスに、たった一つの目を取りあげられてしまうのだ。

退治されるメドウサ

オリュンポスの神々を中心にした第二期のギリシア神話のなかに組みこまれたメドウサは、もともと美しい少女だったことになっている。金色の素晴しい髪に自信を持っていたのでその美をアテナ女神と競おうとした。アテナ女神はその傲慢を怒って少女の髪の毛を全部蛇にしてしまった。かくてメドウサは蛇の髪の毛を逆立てた怪物に変ったのである。

ただこれにはもう一説あって、ポセイドンがアテナ神殿でメドウサと交わったため、女神が怒ったという話もある。このとき身ごもったのがペガサスである。有翼の神馬で、古くから絵画はもとより、最近は商品のイメージキャラクターなどにも使われていて、御存知の方も多いだろう。メドウサがペルセウスに首を切られたとき、その首の切り口から噴き出したとも、血が滴り落ちて生まれたとも言われる。

ペガサスは生まれるやオリュンポスの山上に飛んで行き、ゼウスの雷霆《らいてい》を運ぶ役目をすることになった。天かける馬だから、神話にしばしば現われて大活躍をするが、いちいち述べていたら脱線してしまうので、ローマ時代には不死のシンボルとなって、天上の星座ペガサス座になったことを付け加えておこう。

さて話が前後したが、メドウサの首を奪《と》るために、ペルセウスはアテナ女神と使者の神ヘルメスに導かれて、先ず死者の国に降りて行き、グライアイの様子を窺った。そして彼女たちが目と歯を互いに渡そうとしているところを素早く横合いからその目を奪った。そのあと、目を返すことを条件にゴルゴーンたちの居場所を聞いた。

ゴルゴーンの居場所がわかると、アテナ女神の口利きでヘルメスからは翼の付いたサンダル、冥界の王ハデスからは、かぶると姿の見えなくなる帽子を借りて、ペルセウスは飛び立った。

西の涯てのヘスペリデスの園にゴルゴーンは眠っていた。ヘスペリデスは、三人、四人、あるいは七人と、いろいろな説のあるニンフたちで、ゴルゴーンと同じ両親、ポルキュスとケートーの娘という説の他にいろいろあるが、わたしは凶まがしいニンフ集団として、ゴルゴーン、グライアイ、ヘスペリデスを、一塊りの死者の国のニンフたちとして捉えたい。

ヘスペリデスの園は世界の涯て、冥界を流れるオケアノスのほとりにある。オケアノスというのは先きにも述べたように大洋のことだが、これが世界の涯てで大きな河となって流れていると考えられていた。従って、オケアノスは、大きな海の神でもあるし、大きな河の神でもあった。

ホメロスの『オデュッセイアー』のなかにオデュッセウスの冥界訪問があって、その場所はこんなふうに描写されている。

「こうして船がまる一日じゅう、海上を馳《は》せていくあいだ、帆は張りつめておりましたが、やがて日も没《い》り、どの道筋も蔭を昏《くろ》めてまいります、おりから船は、流れの深い大洋河《オーケアノス》の涯《はて》に到着いたしました。

このあたりは……いつも靄気《もやけ》や雲霧やに蔽われてい、年がら年じゅう炎々と輝《て》る太陽がその光の矢を、彼らに注ぎかけることもな」いところなのだ。

ペルセウスはこの薄暗りのなかを、アテナ女神に導かれて進んで行った。そして眠っているゴルゴーンに面をそむけながら近付いた。顔を合わせた者は石になるからだ。メドウサと覚しいニンフに近付きながら、ペルセウスは一計を案じた。青銅の楯にその顔を映して、直接メドウサの目を見ないようにしてその首を切ることだ。計略はうまくいき、メドウサの首は血飛沫《ちしぶき》をあげて落ちた。その切り口からペガサスが生まれたことは前に述べた。ペルセウスはメドウサの首を袋に入れた。メドウサが殺されたことに気付いたあとの二人のゴルゴーンが彼を追って来たが、ハデスの帽子をかぶっていたので姿が見えず、無事逃《に》げ了《おお》せることができた。

メドウサの首の威力

さてメドウサの首を抱えたペルセウスは、母ダナエーと養い親のディクテュスの待つセリポス島へ急いだ。養い親のディクテュスはセリポス島の王であったが、弟のポリュディクテスに王位を奪られ、漁師をして暮らしていたとき、ダナエーとペルセウス母子を援《たす》けた。しかし、ダナエーを妻にしたいと横恋慕したポリュディクテスはペルセウスに難題を吹きかけた。それがメドウサの首を奪ることであったのだ。

メドウサがペルセウスによって殺され、ペガサスが生まれる。

　急いで帰らねばならぬペルセウスだのに、ここでちょっと寄り道をする。英雄冒険譚を面白くするための付け加えで、ローマ期のオウィディウスなどがその『変身物語』でさまざまに粉飾しているが、骨子だけを紹介しよう。

翼の付いたサンダルで空を飛びながら、ペルセウスがエティオピア近くにさしかかったとき、海辺の岩に若い女が鎖で縛られているのを見付けた。王女アンドロメダである。舞い降りて理由を聞くと、母親が海底に住む美女のニンフ、ネーレイデスより自分が美しいと豪語したため、海神ポセイドンの怒りを買う。海神は怪物を送って、エティオピアを散々に荒したので、父の王が伺いを立てると神託があった。娘を人身御供にして怪物に差し出せとのこと。

聞いてペルセウスは娘の美しさと哀れさに心を動かされ、怪物を退治すれば娘を妻にくれるか、と言う。もとより王は承知する。ペルセウスは神の力を藉《か》りながら怪物を退治する。喜んだ娘の両親が二人を結婚させようとすると、事態から逃げていた元の婚約者である叔父が現われて、一味の者と共にペルセウスを亡き者にしようとする。ペルセウスはメドウサの首を掲げて、襲いかかって来る一味の者をことごとく石にしてしまって、めでたくアンドロメダと結婚する。

ペルセウスはしばらくエティオピアに留まり、アンドロメダとのあいだに子供を儲けたあと、後にペルシア王家の祖になるその子を王夫妻の手許《てもと》において、アンドロメダと共にセリポス島に帰る。

セリポス島に帰ったペルセウスは、ポリュデクテスの暴行を逃れて、ディクテュスと共に神殿の祭壇に避難している母ダナエーのところに駈けつける。そしてポリュデイクテスとその仲間に向かってメドウサの首を見せ、彼らをことごとく石に変えて、王座をディクテュスに返してやる。そのあと、サンダルをヘルメスに、帽子をハデスに返してメドウサの首をアテナ女神に捧げた。女神がそれを自分の楯の真ん中に付けたことは前に述べた。

ペルセウスとメドウサの話はここで一応終るのだが、ペルセウスの運命が中途半端になってしまうので、急いで付け加えると、総ての事業をなし終えて、妻と母とを伴って故郷に帰るが、このあとが大変だった。

ペルセウスの故郷はアルゴスである。ペルセウスが何故母と共に故郷を離れたかは前に述べた。祖父アクリシオスが、娘の生む子供によって生命を奪われるという神託のために娘と孫を流したのだった。

アクリシオスはペルセウスが帰って来る報せを受け、神託を恐れてアルゴスを去り、テッサリアに逃れた。丁度そのとき、そこの王が亡き父王のために葬礼競技を開催していたので、通りすがりのペルセウスはこれに参加した。ペルセウスは円盤を選んだ。ペルセウスの投げた円盤は見物をしていたアクリシオスの足に当たった。アクリシオスはそのため転んで、打ち所が悪かったのか死んでしまった。神託が成就されたのだ。ペルセウスは自分が殺してしまった人の財産を相続することを潔よしとせず、ティリンスの王である従兄弟と領地の交換をした。

以上がメドウサが殺されたあとのペルセウスの後日譚だが、メドウサの首が、アンドロメダの怪物退治のときには利用されなくて、卑怯な振舞いをしたアンドロメダの婚約者とその仲間とか、ダナエーに横恋慕したり、兄の王座を奪ったりした男とその一味たちに向かって立ち向かうときに使用されているのは興味深い。そういう意味では、エリーニュエスが肉親間の殺害に関わる古い掟の守護神であったように、メドウサも古い社会における正義の守護神であったのかもしれない。

女武者集団・アマゾネス

二度も死んだ女王

これは不思議な集団だ。その王国は何でも北方の未知の土地にある、とギリシア人たちは考えていたようだ。その国は女たちだけで構成されていて、他国の男性と交わって子供を生むが、男の子は殺すか障害者にして女の子のみを育てる。

神話のなかに、このアマゾネスの国があるということは、わたしたちに、原始の社会の名残りを感じさせる。すでに繰返して説明して来た、あの、母権社会の存在だ。男の子は殺すのではなく、成人になると群れから追い出したのだろう。障害者にして手許《てもと》におくのではなく、障害者の子は手許においたと見る方が納得がいく。

ところで、このアマゾネスの存在を神話はさまざまな形で伝えている。先ず彼女たちは弓術に優れている。右の乳を弓を引くのに邪魔にならないように切り取っている、と言われる。アマゾネスというのは、乳なしの意味である。ギリシア語は amazos — a は否定辞で mazos は乳房—である。

面白いのは、何人かの英雄たちの物語のなかで、アマゾネスを征服した、という話があることだ。アマゾネスは征服されたのに、何度も力を盛り返したのか、それとも、アマゾネスはあちこちに沢山存在したのか、どちらかだ。わたしは後者だと思う。母権社会から、男性優位社会への移行期として、それを考えることができる。

先ず、ギリシア第一の英雄ヘラクレスの十二功業のなかに、このアマゾネス征服が数えられている。ライオン退治とか、ヒュドラー（水蛇）退治とかのなかにアマゾネスが入っているのである。英雄が征服しなければならないもののなかに、「強い女」が入っていたことに注目しよう。

アマゾネスの女王ヒッポリュテは、その王国を統治する者としてのしるしとして「アレスの帯」を持っていた。先きに女神たちのところで触れた、あまりお頭《つむ》のよくない美男子の軍神である。この美男で暴れん坊の神がアマゾネスの先祖とされていた。ヘラクレスはこの帯を求めてアマゾネスの王国に入った。

女王はヘラクレスに帯を与える約束をしたが、ヘラ女神がアマゾネスの一人に変身して、他国の男がやって来てヒッポリュテ女王をさらおうとしていると言って群衆を煽動した。ヘラ女神はゼウス大神が浮気して、アンピトリオンの妻アルクメネと交わって生まれたヘラクレスを憎んでいたので、このような行動に出たのである。

女王をさらわれることを恐れたアマゾネスは武装してヘラクレスの船に殺到した。それを見たヘラクレスは謀《はか》られたと思い、ヒッポリュテ女王を殺し帯を奪って他の者たちと戦った後、出航した。

ただ、これにはもう一説あって、ヘラ女神の変装云々の話はなく、女王の友だち、もしくは姉妹の一人を捕えて交換に帯を要求し、帯をもらったあと、ヘラクレスがヒッポリュテ女王を殺したことになっている。

不思議なことに、ヒッポリュテ女王はヘラクレスに殺されるだけでなく、もう一人、アテーナイの英雄テーセウスにも殺されることになっている。テーセウスもマラトンの牝牛殺しとか、

「傷ついたアマゾン」ペイディアースのローマ期の模刻。

クレタの怪物ミーノータウロス退治とかの武勇譚のなかに、やはりアマゾネス退治を入れている。テーセウスは、ヘラクレスといっしょにアマゾネス退治に行ったという説もある。ヒッポリュテが二度も殺されることがおかしいと、後世のお話で辻褄を合わせたのだろうか。しかし英雄は、みんな一度は女武者アマゾネスを殺さなければならないことになっているのであれば、ヒッポリュテ女王は何度殺されても不思議ではないのである。

テーセウスの場合は、その上、ヒッポリュテと子供まで儲けていることはすでに読者は承知である。しかも、その子供(ヒッポリュトス)を自分が引きとっていることもわたしたちは知っている。これも奇妙な話だが、男性社会としては、どうしてもアマゾネスに子供を生ませて、その子供をアマゾネスの国に置くのではなく、男の手許に引きとらねばならなかったのだろう。他国の男と交わって子供を生み、男の子は殺す(わたしの意見では、群れを追い出す)というアマゾネスの母権社会を、男たちは許すことができなかったのだろう。

アキレウスの恋

アマゾネスの物語はトロイア戦争の英雄アキレウスがからんで、さらに複雑になる。

アキレウスというのはホメロスの『イーリアス』のなかの、いわば主人公であるが、海の女神テティスとプティアの王ペーレウスの子供である。アキレウスが生まれたとき、母神テティスはこの子を不死にしようと踵を摑んで冥府の河に浸したが、あとでその踵を河に浸すのを忘れた。彼は全身不死であったがこの踵のところに弱点があった。トロイア戦争では大活躍したが、この踵のところを例のトロイアの王子パリスに射られて死ぬ。後世のギリシア人たちがアキレス腱と呼んだ箇所である。

さて、このアキレウスが、アマゾネスの女王の死顔に恋をした。女王の名前はペンテシレイア。ヒッポリュテのあとの女王である。ペンテシレイアは、ヒッポリュテと共にテーセウスの婚礼の宴に殴りこみをかけた一人である。このときのヒッポリュテの死をテーセウスのせいにしないで、ペンテシレイアが間違って殺したという説もある。それはアマゾネスが何故トロイア戦争にまぎれこんで来たかの理由づけにされている。間違って同族のヒッポリュテを殺してしまったペンテシレイアは、トロイア王に罪を潔められるためにトロイアにやって来たというのである。

話がだんだんややこしくなり、辻褄が合わなくなるのだが、とにかくわたしたちは、ヒッポリュテは、ヘラクレスと、テーセウスに二度にわたって殺された女王としておこう。何のために、そんな妙な話ができたかは、繰返すように、英雄は強い女を退治しなければならなかったのである、と。

ヒッポリュテの死んだあと、ペンテシレイアが女王になった。トロイア戦争でトロイア側に参加したのは、ヘラクレス、テーセウスと、二度にわたって痛い目にあった、あのギリシア軍に仇を返すためであったと考えると矛盾が消える。

ペンテシレイアはヒッポリュテに勝るとも劣らぬ剛の者であったから、多くのギリシア兵を討ちとったが、遂にアキレウスに討たれてしまう。しかしアキレウスは死にぎわの女王の顔の美しさに感動し、その死を悼《いた》んだ。そこのところを呉茂一氏は次のように紹介している。

「(彼女は)やがてアキレウスの手にかかって最期を遂げる。その刹那《せつな》に、アキレウスは彼女の勇ましさ健気《けなげ》さに併せて、今までは気のつかなかったその美にうたれる。はげしい憐《あわ》れみと愛着と、後悔と自己憎悪とに苛《さいな》まれて、アキレウスは自分の手がなし終えたことに呆然と立ちつくすのである。しかし彼がそれからできたのは、その屍を潔めて、進んでトロイア軍に返して渡し、ねんごろに葬らせることだけであった。

このペンテシレイアの死は、美術にも文学にも繰り返して取り扱われ、あるいは息の絶えようとするアマゾーンを支え、あるいは脇に抱いて、その兜《かぶと》を脱がせ、彼女の貌《かお》にしげしげと見入るところなどが、よく描かれた。またこの際、いつも大将たちの陰口を言い、不平の煽動《せんどう》を事とする例のひずみ頭のテルシーテースが、アキレウスを冷笑して、敵軍の女に心を奪われていると嘲《あざけ》ったもので、アキレウスは一途な心から、ついに彼を突き殺してしまった」

とある。味方を殺してしまうなど、アキレウスも短気な男だが、これはもう恋であると解釈すると、事態がはっきりする。一瞬のうちに英雄アキレウスが恋に陥ちた……。それほどペンテシレイアが美しかったのだ。

冥府の使い・セイレーネス

太古の人びとは海には魔物が棲んでいると考えたようである。実際、旅をするとき、海は恐ろしい。特に定住をしないで旅をする男たちが、海の魔物に出会いそれを恐ろしいニンフたちの集団だと捉えたのは無理からぬことである。

セイレーン、つまりサイレンの語源になったこのニンフたちは、地中海西方の海上や海峡などの岸から、美しい歌声で男たちを魅了して引き寄せ、上陸しようとするところを取って食べたと言われる。上半身は女で下半身は鳥の怪物である。

セイレーネスはゴルゴーンと同じポルキュスとケートーの娘である。もとはあのデメテルの娘、ペルセポネに仕えていた乙女たちであった。ペルセポネが冥界の王ハデスにさらわれたとき、彼女を探すために陸海を駈けめぐる必要から神々に翼を乞うたので、半人半鳥になったと言われる。また、娘神がさらわれるのを防げなかったことを怒った母神デメテルが、乙女たちをこの姿にした、とも言われる。

彼女たちは風をおさめる力と死者を冥界に送る役目を持つニンフとされ、墓石の上にその像を刻んだものが多い。もともとは、恐ろしいニンフたちなので形相も恐ろしく描かれていたが、後世次第に美化され、後に述べるムーサイ（詩歌女神たち）の娘と考えられるようになり、音楽の神になって行く。よく知られているローレライなどの伝説も、この流れを引くものかもしれない。

しかし、『オデュッセイアー』に出て来るセイレーネスは恐ろしい。ホメロスはオデュッセウスが漂流した島のキルケー女神からセイレーネスについての心得を聞いて出発する。女神はこんなふうに忠告する。

「まず最初に来るのは（魔女）セイレーンたちのいる浜です、この女どもは彼らの棲処《すみか》へ来た人間を、誰彼といわずみな魔法にかけてしまうもので、もしも知らずにそばへ来て、このセイレーンたちの声をひとたび耳にしたら、もうその人は家に帰って、奥さんにもまた幼い子供らにも取り囲まれて、よろこびあいもできなくなります、セイレーンどもの高らかにうたう声にすっかり魅《あやか》され（虜《とりこ》になるので。）草原の、彼らが坐り込んでるあたりは、ずっといちめん腐っていく、人間の骨が堆《うず》高くつもっていまして、ぐるりは縮んで切れぎれな皮、それゆえ傍《わき》を馳けぬけるのです、部下《てした》の者らの耳には十分味の甘い蜂蜜臘を温めて捏ねたのを、塗りこめといてね、余人はだれも聞かないように。でもご自分だけもし聞きたいとお望みなら、進みの迅い船へしっかり手も足も、縛りつけておくように命じなさい、帆柱のもとへまっ直にでも。そこから帆綱のはしをいわえるのです、セイレーンたちの歌ごえをあなたが聞いて、たのしむことができるように。それでまたもし綱を解《と》けなど、部下に頼んでお命じだったら、そしたら綱をなおいく重にも、いっそきびしくあなたを縛らせるのです。」

オデュッセウスはキルケー女神の言いつけ通りに自分の身を帆柱に縛りつけ、部下の者たちの耳に栓をしてこの難所を通り抜けたのであった。

セイレーネスの魔手を逃れたもう一つの神話にアルゴナウテスの遠征譚がある。アルゴナウテスというのは、最初に紹介したメディアの夫イアソンが結成した金毛の羊皮を目指した英雄たちの集団だが、このなかに一人楽人が混っていた。オルペウスである。

オルペウスについては、このアルゴナウテスの物語よりも、彼が愛妻エウリュディケーの死を悲しんで冥府に逢いに行く話の方がよく知られているかもしれない。オルペウスは父親アポロンから貰った竪琴を弾いて、冥界の総ての者たちを魅了し、王ハデスと王妃ペルセポネの前に辿り着くことができた。王と王妃は、地上に帰り着くまで決して後ろを振り向かないことを条件にエウリュディケーの甦えりを許す。しかしオルペウスは地上に着く寸前に不安に捉えられ後ろを振り向いてしまい、妻を取り戻す機会を失ってしまうという、あの物語である。

この話でもよく知られているように、オルペウスの音楽は素晴しい。イアソンに頼まれてアルゴー船に乗り組んだときも、その力は遺憾なく発揮されたのであった。アルゴー船がセイレーネスの岸近くを通るとき、オルペウスは彼女たちの魔法に対抗してアポロンより授った竪琴をかき鳴らし歌をうたった。英雄たちは全員オルペウスの歌に聞き惚れたが、なかで一人ブーテスだけはセイレーネスに魅かれて海に飛びこみ、彼女たちのいる岸辺めがけて泳ぎ始めたところ、アプロディテの女神に助けられたと言う。

セイレーネスは後にムーサイと合体してその娘たちと考えられ、美化されるようになったことは述べたが、伝説は変化して、かの恐ろしい島、あるいは岸辺は、死後の「幸福の島」と呼ばれることになり、セイレーネスはその「幸福の島」の音楽家になった。「幸福の島」というのは、はるか西方にある幸ある死者たちの住む島、あるいは海辺の場所と考えられていた。わたしたちの国の意識で言えば、西方浄土、極楽浄土といったところだろうか。

詩歌女神・ムーサイ

ニンフたちのなかで最高の地位を占めるのは、何と言ってもムーサイだろう。わたしがこれまで述べて来た恐ろしい女神たちの集団は、普通、ニンフとは呼ばれない。わたしは、一人一人その権能を持つ女神と区別して、集団の女神を総称して、ニンフという表現を用いて来た。しかし、ギリシア神話のなかでニンフと呼ばれているのは通常、「山川草木やある場所、地方、町、国などの精、あるいはその擬人化された女神」(『ギリシア・ローマ神話辞典』)なのである。彼女たちは総て若く美しい踊りの好きな女性たちと考えられ、神ではないから不死ではないが非常に長寿である。たとえば樹木のニンフはその樹と共に生命を終えるが、海のニンフなどはほとんど不死と言ってもよく、神に近いものである。多くの英雄たちと恋をしたり、子供を生んだりしていて、決して悪女ではない。そのため、彼女たちのいちいちについてはここでは述べないが、どうしても、大事なムーサイだけは、悪女ではないが、触れておかねばならない。ムーサイはニンフのなかでは最高の地位を占めるものであると言ったが、彼女たちはニンフではなく、ニンフと女神のあいだとして捉えるのが一般的かもしれない。もっとも、若く美

ディオーンの遺跡から望むオリュンポスの山。ムーサイはそこに住んでいた。（撮影：著者）

しく踊りが好きな女性たちということでは、ニンフの特質をそのまま持っているのだけれど。

　ムーサイは大神ゼウスとムネモシュネ（記憶の擬人化された女神）のあいだに生まれた。ゼウスがムネモシュネと九夜続けて交わりを持ち、一年後に「雪を戴くオリュンポスの高嶺から　ほど遠からぬところで」九人の美しい女神が生まれた。これがムーサイである。ムーサイは後に、わたしの分類で言えば神話の第三期、ローマ時代に入ってからは、文芸、音楽、舞踊、哲学、天文などの各分野をそれぞれに担当することになるのだが、ここではそれらについては述べない。わたしが注目しているのは、ヘシオドスが讃えている詩歌女神たちとしてのムーサイである。

　ホメロスと並び称されるBC七五〇～六八〇年頃の生存を推定されるヘシオドスが、その『神統記』の冒頭にムーサイのことに触れている。ヘシオドスは、自分がこれから語る神々の物語は、総てムーサイから教えてもらったのだ、というふうに歌い出す。記憶の女神ムネモシュネから生まれたムーサイだから、わたしたちの国に引き寄せて言えば語り部ででもあったのだろうか。
ヘシオドスは、こんなふうに始める。

「ヘリコン山の詩歌女神《ムウサ》たちの賛歌《ほめうた》から歌いはじめよう
彼女たちは　ヘリコンの高く聖《きよ》い山に住み
足どりも優しく舞い踊るのは　菫《すみれ》色した泉のほとり
クロノスの力つよい御子《みこ》（ゼウス）の祭壇の辺《へ》。
さてたおやかな身を　ペルメソスや
馬の泉《ヒップウクレネ》　清らかなオルメイオスで洗い浄《きよ》めると
ヘリコン山の頂きで　舞い踊るのだ
晴やかな愛らしい踊りを　力を籠《こ》めた足どりで。
ここを出で立ち　深い霧につつまれて
夜の道を進みながら　艶《あで》やかな声あげて
彼女たちが賛《たた》えまつるのは　神楯《アイギス》もつゼウス……。」

と以下ヘラ、アテナ、アポロン、アルテミス、ポセイドン、アプロディテ、というふうに神々の名をあげて行く。そして、彼女たち、ムーサイが「ヘリコン山の麓で　羊らの世話をしていた　このわたしに　麗わしい歌を教えたもうた」のだとヘシオドスは言う。

「『野山に暮らす羊飼いたちよ　卑しく哀れなものたちよ　喰《くら》いの腹しかもたぬ者らよ
私たちは　たくさんの真実に似た虚偽《いつわり》を話すことができます
けれども　私たちは　その気になれば　真実を宣《の》べることもできるのです』
こう言われたのだ　大いなるゼウスの娘　言葉に長《た》けたものたちは。
そしてこのわたしに　育ちのよい月桂樹の若枝を手折《たお》り
それをみごとな杖として授けられ　わたしの身のうちに
神の声を吹きこまれたのだ　これから生ずることがらと
昔起ったことがらを賛め歌わせるように。
ただし（賛歌の）初めと終りでは　いつも彼女たちを賛《たた》え歌うようにと。」

このヘシオドスの、いわばヨーロッパ最古の文学の冒頭に、ムーサイへの賛歌が置かれたことは、後に、ギリシアのみならずヨーロッパの文物の総てに重要な意味を持つようになった。

ヘシオドスの言葉に倣って、以後、文学、芸術には必ずこの詩歌女神への賛歌を記したし、その加護を願った。現にいまでもミューズの女神、という言葉があって、これはムーサのことである（ムーサイはその複数）。ミュージアムが美術館や博物館であることは誰でもが知っている。ミュージアムというのはムーセイオン＝ムーサの神殿という意味なのである。ギリシア神話の世界では、女たちはひどく悪くあしらわれているが、ムーサイが存在することはどれだけ強調しても、強調しすぎることにはならない。

第四章　心ならずも悪に堕ちた女たち

人類最初の女・パンドラ

女は禍いとしてつくられた

古代のギリシア人が神話のなかで語っている人類の起源はさまざまである。しかし生物学ではないから、猿が進化したなどという発想はない。どの説も、人間は神がつくったと考えている。そして、どんな神が人間をつくったのか、というところで諸説あるのだ。

ただここで、わたしがギリシア神話の形成を三期に分けたことをまた思い起こしてほしい。そのなかで第三期はローマ時代のローマ人好みのいわば神話物語《ローマンス》なので省くとして、ここでは第一期の神によってつくられたか、第二期の神によってつくられたかが説の分れ目であることを指摘したい。

第一期の神々とは母権の強い時代の神々だから、母なる大地ガイアがさまざまなものを生むと考えられていて、神々や人間のあいだに歴然とした区別がなかった。大地ガイアが海ポントスや天空ウラノスと交わって生んだ者たちのなかには、後にオリュンポスの神々を形成する者たちも生まれるが、そのまま、海や山や湖や川にニンフとなって人間と共存する者たちや、死者の世界の凶まがしい使いになって人間を脅やかしたりする者たちとなって行く。前にも述べた通り、この第一期の神々は第二期や第三期の神話のなかに混って来るのだが、第二期の神話は、このなかで特にオリュンポスの神々を中心として構成されたものなので、ここでは主神ゼウスがもっとも重視される。人間は神がつくったのだ、という考えもこのとき生まれたのだ。

こうした人と神との物語のなかで、もっとも古いものはヘシオドスであろうか。『神統記』という神々と英雄の系譜はすでに紹介したが、人類の起源について述べているものに『仕事と日』という作品もある。

ここでヘシオドスは、「五時代の説話」なるものを伝えている。先ず「神々も人間も、その起りは一つであった」として、第一期の神々を背景において語り始める。そして、「オリュンポスの館《やかた》に住まう神々は、最初に人間の黄金の種族をお作りなされた」とする。「黄金の種族」である人間は神と等しく、心に悩みなく、労苦も悲嘆も知らない。惨めな老年などはなく、豊かな大地は稔《みの》りで溢れ、家畜にも恵まれ、死ぬときは眠るが如くであった。

しかし大地がこの種族を隠したあと、ゼウス大神が彼らを精霊たちに変えた。そして第二の「銀の種族」をつくった。この種族は百年ほどのあいだは「頑是《がんぜ》ない幼な子」のまま、母親の許《もと》で育てられるが「やがて成長を始めて成年に達するや、おのれの無分別のゆえに、さまざまな禍いをこうむって、短い生涯を終える」。

続いてゼウスのつくった第三の種族は「青銅の種族」である。「アレースの業（戦いのこと）と暴力をこととする種族」で、互いに争って死んでいった。

そこでゼウスは第四の種族をつくった。それは「先代よりも正しくかつ優れた」者たちで「英雄の種族」とも呼ぶべき半神たちであった。トロイア戦争をした英雄たちはみなこの種族に属するとヘシオドスは考えていたようだ。しかしその連中も結局戦いで互いに倒れるのだが、ゼウスはそのうちの何人かに人の世から離れた大地の涯《は》てに命の糧《かて》と住居を与えて住まわせ、後に彼らを解放して「住民たちからしかるべき尊崇を受け」る者としてこの世に送り出した。

この世とは第五の種族「鉄の種族」が住むところである。ここでは「昼も夜も労役と苦悩に苛《さいな》まれ」「父は子と、子は父と心が通《かよ》わず、客は主人と、友は友と折りあわず、兄弟どうしも昔のように親密な仲とはならず、「親が年をとれば、たちまちこれを冷遇し」「正義は力にありとする輩《やから》で、互いにその国を侵すことになる」。

このような第五の種族が生まれる少し前に、神が人間に禍いの一つとして女をつくって送ったのである。

パンドラとは総ての神の賜物の意味

話を少し元へ戻そう。第五の種族が、「昼も夜も労役と苦悩に苛《さいな》まれ」る生活をしているのは、「神々が人間の命の糧《かて》を隠して」いるせいなのだ。ところがここにプロメテウスという、人間に味方する神が現われる。

プロメテウスというのはギリシア語で前もって考えることのできる男という意味である。同じガイアとウラノスの子供たちでありながら、ゼウスの属するオリュンポス神族と、プロメテウスの属するティターン神族が争ったとき、プロメテウスは先きが読めるから、早々に仲間を裏切ってオリュンポス神族の味方をしていた。しかし、もともと反ゼウスの立場に立つ神である。ゼウスが人間に苛酷な苦悩を与えるために火を隠していることを知って、これを盗み出して人間に与えた。

もとよりゼウスは烈火の如く怒った。

「わしは火盗みの罰として、人間どもに一つの災厄を与えてやる。人間どもはみな、おのれの災厄を抱き慈《いつく》しみつつ、喜び楽しむことであろうぞ」

こう言って、神は「カラカラとお笑いなされ」て、一人の乙女を人間に贈ることに決められたのだそうだ。

先ず火と鍛冶の神で技術に長《た》けたヘパイストスに命じて土と水をこねて人間の形をこしらえ

させ、これに声と体力を注ぎこんで、女神にも似た美しく愛らしい乙女を出現させた。

続いて、アテナがさまざまな技芸と布を織る術を教えた。愛欲の神アプロディテは乙女に魅惑の色気を漂わせ、恋の喜びと苦しみを吹きこんだ。さらに言葉巧みな使者の神ヘルメスは、乙女に「犬の心と不実の性《さが》を植えつけ」るべく命じられ、その通りにした。

ゼウス大神はこの乙女を使者の神ヘルメスに命じて、プロメテウスの弟エピメテウスの許へ運ばせることにしたのだ。神はその際、乙女に一つの甕《かめ》を持たせた。甕のなかには「オリュンポスの館《やかた》に住まうよろずの神々《パンテス》が、パンを食らう人間どもに禍《わざわ》いたれと」授けた贈物《ドローン》がいっぱい詰っていた。乙女の名前もそれをもじってパンドラと名付けられた。

さて、この「とても手には負えぬ危険きわまる罠《わな》」がエピメテウスの許に届けられたとき、エピメテウスはパンドラの美しさ愛らしさに心を奪われ、一も二もなく彼女を家へ入れてしまった。

エピメテウスはかねがね兄のプロメテウスから注意されていた。「オリュンポスなるゼウスからの贈物は、決して受け取ってはならぬ、人間たちの禍《わざわ》いになるやもしれぬから、つき返せ」と。しかし後の祭り。

だいたい兄のプロメテウスが事態の前に考える男であるのに対して、弟のエピメテウスは、その名の通り事態の後に考える男である。読者のなかには「プロローグ」─前書、序言、「エピローグ」―後書、付言などの例から、プロ、エピの感覚を摑んでいる方も多いと思う。ヨーロッパの言語の語源はこんなふうにギリシア神話から発しているものがかなりある。

さてしかし、エピメテウスは美しいパンドラを得て幸福の絶頂にあった。しかし「犬の心と不実の性《さが》」を植えつけられているパンドラは、エピメテウスとの生活にそろそろうんざりし始めていた。ある日、エピメテウスの留守に退屈しのぎに天上から持って来た甕のなかをのぞいて見たくなった。エピメテウスは、美しいパンドラを見て、前後の見境いなく妻にしてしまったものの、兄の言葉を思い出し、ゼウスの賜りものであるあの甕だけは用心しなければならないと気付いたのである。それ故、妻のパンドラには、決して甕の蓋を取らないよう、固く申し付けてあった。

禁じられると、かえってそれを破ってみたくなる。好奇心は押さえれば押さえるほど強くなる。パンドラはとうとう我慢できなくなり、甕の蓋をそっと開けた。すると出るわ、出るわ、神々がそのなかに閉じこめておいたあらゆる災厄が噴き出して来た。

パンドラはびっくり、慌てて甕の蓋をしたが間に合わなかった。何とか一つだけ「希望《エルピス》」が甕の底の縁の方にへばりついて残っていた。こうして人間にはあらゆる災厄が与えられたが希望だけが残った、という「パンドラの箱」なる物語を知る方も多いだろう。

災厄の原因は女

この神話をもとにしているので、以後の悲劇などは、女性は災厄の原因、悪の源と、男たちは何の反省もなく思いこみ、物語を展開していくのである。いや、それよりも、この神話を男たちがつくったときの意識からして、悪いことは全部女に押しつけようとする傾向があったのである。

たとえばアイスキュロスの『テーバイに向かう七将』のなかで、主人公がこんなふうに嘆くところがある。

「これだから全く、逆境の日も、たのしい栄えの時も、女という族《やから》とは決して一緒に住みたくはないものだ。けだし、女が力を握れば、共住みかなわぬ図々しさ、だが怯じおびえては、家にも国にも大きな災いだ」

これはおそらく先きのヘシオドスが、パンドラから「人を破滅させる女たちの種族が生まれた」(『神統記』)と歌ったことと呼応している。

「彼女たちは　死すべき身の人間どもに　大きな禍いの因《もと》をなし
男たちといっしょに暮らすにも

忌わしい貧乏には連合《つれあ》いとならず　裕福とだけ連れ合うのだ。」

ここまで言われると、この時代は、あるいは女の力が強かったのでこんなふうに男どもが歎いていたのだろうか、とさえ思えて来る。

わたしたちのよく知っているアダムとイブの神話、これはヘブライ系の神話だが、やはり神様は先きに人間=男をつくって、しかるのち、このままでは淋しかろうと女をつくる。しかし、女が男を誘惑して、知恵の木の実を食べたせいで、人間は楽園から追放されることになる。この神話でも神が女をあとからつくることと、災厄の源が女であることがよく似ている。

ヘシオドスは、さらに厳しく、この女という禍いを避ける者にゼウス大神は「第二の禍悪《カコン》」を与えられたのだと言う。

「すなわち　結婚と　女たちの惹き起す厄介事を避けて
結婚しようとしない者は　悲惨な老年に到るのだ
年寄りを世話してくれる者もないままに。」

この個所を初めて読んだとき、わたしは、なるほど、と突然に合点するものがあった。いまの若い人たちはともかく、わたしたち戦前生まれの年代の者たちは、ずっと結婚とは女の幸福のためにあるものだと印象づけられて来たが、そうじゃなかったんだ、男が老年を安穏に送るためだったんだ、と何だか物を取り落したような気持になったものだった。しかし、それにしても、男が老年の安穏を得るために女という災厄を引き受けるのだ、なんて、あんまりの言いぐさと思いませんか。しかも、神様がそのようにしたのだ、なんて。

これぞジェンダーの始まり

通常、ジェンダーというのは、生物学的に男性、女性を区別する性別に対して、社会的、文化的に区別される性別をさすものだと言われている。とすれば、このパンドラは、全くジェンダーそのものとしてこの世に送り出された女性である。パンドラは人間世界に悪をもたらすものであり、その性は女である、と言うのだから。そしてこの大前提のもとに人間社会のあらゆる悪が、パンドラに、つまり女に帰せられるのだから堪ったものではない。

加えて、こんな奇妙な記述が『神統記』にはあるのだ。ヘシオドスは女たちがいかに男たちの禍いであるかを、例をあげて説明する。

「ちょうど　釣りかぶさった蜂窩《はちす》で　蜜蜂たちが

連れ立って悪業を謀る雄蜂どもを養うように
すなわち　蜜蜂たちは　終日《ひねもす》　陽が沈むまで
昼の間は　精出して働き　白い蜂窩を作るのに
雄蜂どもは　その釣りかぶさった蜂窩の奥に坐りこんで
他人の稼ぎを　自分たちの胃袋のなかに収穫《とり》こむのだが
ちょうど　そのように　女たちを　禍いとして　死すべき身の
人間どもに　配られたのだ」

ここでおかしいのは、雄蜂という生物学的な性が人間の男性を表わすのではなく、人間の女性を表わすもの、として捉えられていることだ。その上、蜜蜂の巣の大部分を構成する働き蜂の性が雌で、そのなかの一匹、たまたまローヤルゼリーで育てられることになった一匹だけに女王蜂としての生殖能力を与えられることに、ヘシオドスが全く気付いていないことだ。

もっとも古代のことだ。生物学の研究など進んでいないだろうから、それを咎めるつもりはない。しかし、せっせと働き蜂が運んで来る食料を、巣の奥で自分の胃にとりこむだけの存在である雄蜂に女をなぞらえることは生物学的な性を無視した比喩である。しかも、この比喩によって、女性を人間の禍根であるとする。つまり、社会的、文化的に、女の性を禍いすなわち悪と規定していることに、わたしはジェンダーの原初の姿を見るのである。

「人は女に生れない。女になるのだ」と言ったのは周知のようにボーボワールである。彼女は『第二の性』で、いかに女性が男性優位社会において社会的、文化的に「女として」つくられて来たかを詳述した。

しかし、このように男性優位社会成立の当初の有様を検討すると、女性を悪にしてしまうことによって男性社会を成立させたことが、次第にはっきりして来るのである。

だって、そうではありませんか。どのような性質もまだ付与されていない物体を女として、それにあらゆる悪を詰めこんだ上で、禍い＝女として、神様が男たちに与えた、なんて。

もちろん、わたしは、こうした神話をつくった男たちの意識を問題にしているのだ。さらに言えることは、神話がそもそもこのようなものであるかぎり、それは決して女たちが男たちと等しい力を持っていた社会においてつくられたものではないことを、逆に証明しているようなものなのである。しかも、もう少し穿《うが》った見方をすれば、このような神話がつくられた時代は、現代よりはまだ少し女性の力が強かったのではないかと思われるのである。だからこそ、男たちは女性の力を封じこめるために、あのようにもイデオマティックな神話をつくりあげ、この世の禍根をすべて女性のせいにしたのである。

その証拠に、時代が下るにつれ、つまり女性の力が衰退するにつれ、パンドラはただの可愛い女の子になって、好奇心が押さえきれなくて箱を開けてしまう、女の馬鹿さ加減だけが浮き彫りになるお話に変って行くのだ。いわゆる「パンドラの箱」のお話では、当初にあったゼウス大神のプロメテウスへの怒り、禍いとして女を贈るという重要なポイントが消えてしまっているのである。プロメテウスは人間に火を与えたりして味方したおかげで、生きながらカウカソスの山に鎖で繋がれ、その肝を大鷲に突っつかれるという刑に処せられる。突っつかれた肝は翌日には生えかわるのでプロメテウスの苦しみは無限に続いたが、ヘラクレスが来て大鷲を射殺したので救われたというお話があるが、わたしたちが注目して覚えておきたいのは、この大鷲の刑と同じ力で、神が人間に与えた災厄がパンドラに集約されているということである。

ゼウスは、人間のために火を盗んだプロメテウスに毎日鷲によって肝臓を啄まれる罰を与え、同時にその弟エピメテウスには禍いとしてつくられた女パンドラを与えたのだ。スパルタの杯絵。

父を殺して結婚した女・ヒッポダメイア

父に愛され過ぎた娘

ヒッポダメイアはピサの王オイノマオスの娘である。非常に美しい娘で父オイノマオスは彼女を溺愛していた。娘を他の男と結婚させたくないという気持が意識の底で動いていたのかどうか。オイノマオスは娘の結婚について神に伺いをたてた。神託はオイノマオスは娘の結婚相手の手にかかって死ぬ、というものであった。

それならば、いっそ娘の結婚相手を殺してしまおう、と王は考えた。そこで求婚者たちに一つの条件を出した。ヒッポダメイアと結婚したい者は、彼女を自分の馬車に乗せ、王が神に捧げものをしているあいだにコリントス地峡まで逃《に》げ了《おお》せること、というのである。ただ、捧げものを終ったあと、王が求婚者と娘の馬車を追いかけ、追いつけばその場で求婚者は殺されることを覚悟して挑戦しなければならない。

若い求婚者たちは王の年齢を考え、誰しもそれは可能であると考えた。しかし王には求婚者たちには絶対負けない自信があった。王は軍神アレスの息子でアレスから貰った馬と武具を持っていたからである。

求婚者が娘を馬車に乗せて出発したあと、王はおもむろにゼウスの祭壇に牡羊を捧げ、それから武具を着け馬車を駈って求婚者を追いかけた。たいていの求婚者はコリントス地峡どころか、もっと手前で王に追いつかれ、その場で殺された。王は殺した求婚者たちの首を斬り、それを宮殿に釘づけにし、見せしめにして並べておいた。

その首の数が十二になったとき、ペロプスが現われた。

ペロプスは神々の寵児タンタロスの子である。ゼウスとプルートの子であるタンタロスは自分が神の子であることを吹聴し、神々の食卓に出ていたものをこっそり人間に与えたり、神々を試すために、わが子ペロプスを殺し料理して神々に供したりした傲慢の罪で地獄に堕ちた男である。

神々はもちろん、料理されて出されたのがペロプスであることに気付いた。そこで大釜でペロプスの死体を煮て、これを甦えらせた。そのとき、デメテルだけが（あるいはアレスとかテティスとかいろんな説があるが）肩の部分を食べてしまったので、クロトー（紡ぎ手）がその部分を補綴した。そのため、ペロプス及びその後裔は白い象牙のような美しい肩を持つようになったという、おまけの話もついている。

生き返ったペロプスは、以前から美しかったが、それ以上に、輝くような美青年になった。

そのためポセイドンに愛されて天上に連れて行かれたりした。神はこの青年に有翼の戦車を与えた。この戦車は海の上を走っても濡れることがなかった。

そのペロプスが、求婚者として、ヒッポダメイアの前に現われたのである。ヒッポダメイアはペロプスを一目見るや恋に陥《お》ちた。この美青年が父の手にかかって死ぬかと思うと、彼女の心は悲しみに沈んだ。何とかして青年の生命を救わねばならない、と彼女は考えた。一方、ペロプスも、ヒッポダメイアを見て、激しい恋情にとりつかれた。武勇だめしのつもりで挑戦したオイノマオス王との競争であったが、どうしてもヒッポダメイアを得たいと思った。

馭者ミュルティロスを買収

ペロプスは、オイノマオス王の馭者《ぎょしゃ》ミュルティロスを買収することに決めた。オイノマオスに勝って王国を手に入れたら、その半分をミュルティロスにやる、と約束した。ミュルティロスは秘かにヒッポダメイアを愛していた。だから複雑な心境だったが、この申し入れを承知した。そして、ここからはわたしの推測だが、父オイノマオス王の許《もと》にいるヒッポダメイアには近寄れないが、この際オイノマオス王さえ死んでしまえば、彼自身にもヒッポダメイアを手に入れる機会なしとは言えない、と考えた。

一方、ヒッポダメイアは、こっそりとミュルティロスを呼び寄せた。ヒッポダメイアはミュ

ヒッポダメイアの乗る四頭立ての馬車。後ろを気にしているのはペロプスの方。古瓶絵。

ルティロスが自分に気があることを察知していた。ミュルティロスを利用して父の馬車に何か仕掛けをさせようと考えた。ヒッポダメイアもかなりのワルである。このような重要なことを頼むのである。ミュルティロスが父王に密告しないともかぎらない。しかし彼女にはミュルティロスが絶対に自分の希望を聞き入れるという確信があった。

ミュルティロスは王の馬車の車輪の心棒から輪止めの轄《くさび》を抜いておいた。いよいよ競争ということになって、ペロプスとヒッポダメイアを乗せた馬車が先ず出発した。オイノマオス王はゼウスの祭壇に捧げものをしたあと馬車に飛び乗って走り出した。しかし幾らも進まないのに車輪がはずれ馬車は傾いた。王は馬車から投げ出され、手綱が手にからみついたまま引きずられて死んだ。王は死に際にミュルティロスの裏切りを覚って、ミュルティロスがペロプスの手にかかって死ぬよう呪詛した。

試合に勝ったペロプスはオケアノスで身を潔められるために出発した。太古のギリシアでは自分が殺した人の国を相続する場合、地の涯《は》てと考えられたオケアノスの流れで身を潔めなければならなかった。オケアノスは海であったり、河であったりしたが、そこには、オケアノスと呼ばれる古い神、天空ウラノスと大地ガイアの子である古い神、ティターン神族の水の神が住んでいたのである。

ペロプスは馭者ミュルティロスに馬車を駈らせ、ヒッポダメイアといっしょに出発した。途中、ヒッポダメイアが喉の渇きを訴えたのでペロプスは馬車を離れ、泉を捜しに出かけた。ペロプスが居なくなったのを見すまし、ミュルティロスは、やにわにヒッポダメイアに襲いかかり、これを手ごめにしようとした。

ミュルティロスが思いを遂げたかどうかをどの伝承もはっきりさせていない。アポロドーロスの『ギリシア神話』ではそこのところは次のように叙述されている。

「そこでペロプスはヒッポダメイアを得、ミュルティロスを従えてある地を通過の際、喉の渇いた妻のために水を持参すべく、少しくその場を去った。ミュルティロスはこの間に彼女を犯そうとした。これを彼女より聞いてペロプスは、ゲライストス岬で、その名をとってミュルトーオン海と呼ばれる海へミュルティロスを投じた。ミュルティロスは投げ込まれる時にペロプスの子孫に呪いをかけた。ペロプスはオーケアノスに赴いてヘーパイストスによって罪を潔められた後」オイノマオスの王国を獲得し、その地に自分の名を付けてペロポネソスとした。現在のペロポネソス半島がこれである。

この叙述からわたしが読みとるものは、ヒッポダメイアの強《したた》かさである。彼女は最初から最後までミュルティロスを利用しつくした。喉の渇きを訴えて、ペロプスに水を捜しに行かせるなど、ミュルティロスの行為を予測してのことだろう。あるいは、ペロプスが出かけたあと、挑発したかもしれない。ペロプスに告げ口してミュルティロスを殺させるのも彼女の計算のうちだったにちがいない。

ミュルティロスの呪い

わたしがパンドラに続いてヒッポダメイアを心ならずも悪女にされた女性にしたのは、このミュルティロスの呪いのためである。パンドラは神々によって人間の災厄の原因にされた女性だが、ヒッポダメイアはミュルティロスの呪いのために後々、ペロポネソス半島を支配するペロプスの子孫に災厄を及ぼすからである。もっとも、パンドラは何の罪もないのに、神々によって悪の根源にされたのだが、ヒッポダメイアには、ミュルティロスの横恋慕があるにしろ、彼女がこれを利用した気配も濃厚なので、いちがいに同情するわけにはいかない。

では、ミュルティロスの呪いとは具体的にどんな形をとって現われたのであろうか。読者は、本書の第一章で述べた、夫殺しのクリュタイメストラやトロイア戦争の原因をつくったヘレネのことを思い起こしてほしい。彼女たちが関わったアガメムノーン、メネラオス、アイギストス、ともにペロプスの子孫である。

順序を追って述べよう。ミュルティロスの呪いは、先ずペロプスとヒッポダメイアの子、アトレウスとテュエステスの上に降りかかった。二人の兄弟は王国の相続で激しく争った。その上、アトレウスの妻はテュエステスと通じていた。

王国相続の争いにはアトレウスが勝って、テュエステスは国外に追放された。テュエステスが国外に去ったあと、妻の裏切りを知ったアトレウスは復讐を決意した。和睦をよそおって、テュエステスを宴会に招いた。それから人をやってテュエステスの留守に彼の三人の男の子を、彼らがゼウスの祭壇にすがって命乞いしたにもかかわらず殺害して、その体を八つ裂きにした。そして、身体の一部分を残して、これらを煮て、ご馳走としてテュエステスに供した。何にも知らずにテュエステスが食べ終ったあと、残しておいた身体の一部分をテュエステスに示した。

アポロドーロスの伝承で示したものは「身体の端の部分」となっているが、わたしは、頭のような気がしてならない。いずれにしてもテュエステスは、いま食べたのがわが子だとわかり、あらゆる手段を講じてアトレウスに復讐することを誓い、神にお伺いを立てた。

神託は「自分の娘と交わって子を得たならば」というものだった。そこで、その通りに行ってアイギストスを得た。このアイギストスが後に、アトレウスを殺すという話と、アトレウスの子アガメムノーンの妻クリュタイメストラと通じてアガメムノーンを殺すという話に分れて行く。

ただ、ここは伝承が錯綜しているところだろう。テュエステスにはタンタロスという息子がいて、その息子がクリュタイメストラと結婚して子供を儲けていた。そこへアトレウスの息子アガメムノーンがやって来て、タンタロスをその子どもも殺してクリュタイメストラと結婚するいきさつはすでに紹介しているので思い出してほしい。テュエステスの子供の殺されかたと、タンタロスの子供の殺されかたは異るけれども、子殺し、という点では共通している。男が自己主張するときは、先ず相手の男を殺す、殺さないまでも共同体から追放する、続いてその男の子供を殺す、それからその男の妻を自分の妻にして自分の子を生ませる、という構造をとる。この構造が群れを形成する動物の世界に酷似していることは第一章で述べた。

さて、このあと、クリュタイメストラは息子のオレステスに殺され、この身内同士の殺し合いは、ペロプスの子孫の凶まがしさとして、伝承ではミュルティロスの呪いのせいにされているのである。

母子相姦の汚名を着た王妃・イオカステ

エディプス・コンプレックス

ギリシア神話にあまり関心のないひとでも、エディプス・コンプレックスについてはよく知っている。精神分析学者のフロイトが提唱した用語で、男の子が無意識のうちに母親に愛着を持ち、父親に敵意を抱く傾向を指摘したものである。この語源は普通、父と知らずに父を殺し、母と結婚したギリシア神話のオイディプスにちなんで付けられた、とされているが、事柄はそんなに簡単ではない。

テーバイの王ライオスは神によって男子を儲けるべからずと託宣を下されていた。何故なら生まれた男子が父殺しになるであろうから、ということであった。

ところが彼は酔って、神託を忘れて妻と交わった。妻の名はイオカステである。生まれた子供は不幸にも男の子であった。ライオス王は赤児の足をブローチで貫いて牧場番に渡し、山中に棄てるように命じた。しかし牧場番は赤児を不憫《ふびん》に思って殺すことをせず、羊を飼って各地を移動している男に渡した。羊飼の男は、赤児の顔が可愛く、上品なので、自分の国のコリントス王妃のところへ連れて行った。王妃に子供が無かったからである。

王妃は子供を養子として、そのブローチで貫かれた踵を癒してやった。しかし踵は膨れたままなので「オイディプス—膨れ足」と名付けた。子供は知力体力ともに衆に抜きん出た若者に成長した。そのため周囲から嫉妬され、なかの何人かが彼はコリントス王の実の子ではない、と罵った。オイディプスは王妃に事の真相を訊《ただ》したが、王妃は首を振って何も答えなかった。そこで神託を聞くためにデルポイにやって来た。

しかし、自分の真の両親は誰であるか、との問いに神は答えてくれず、「故郷に近付くな、父を殺し、母と交わるであろうから」というのであった。オイディプスは驚いた。これは、自分にコリントスに帰るなということだと思いこみ、故郷に帰らない決心をしてデルポイを後にした。

その道でオイディプスは馬車を駈って来る老人とその従者に出会った。道を譲れ、譲らないで口論になり、向こうがオイディプスの馬を殺したので、怒ったオイディプスは老人とその従者を殺した。その男が実の父のライオス王であったのだ。

悲劇はそれだけで終らない。旅を続けていたオイディプスはめぐりめぐってテーバイの国へ入った。テーバイではライオス王が死んだあと、妃のイオカステの弟クレオンが王位についていた。ところがこのとき、テーバイを不幸が襲った。ヘラの女神がスフィンクスを送ってテーバイに呪いをかけたからである。

スフィンクスの謎を解くオイディプスの杯絵。イオカステの不幸はここから始まった。

スフィンクスは女面で胸と足と尾は獅子、鳥の羽を持って通りがかりの者に謎をかけるのである。謎を解くことができないで口ごもっていると、スフィンクスはその者に飛びかかり食べてしまう。

謎は「一つの声を有しながら、四足、二足、三足になるものは何か」というのである。テーバイ人はこの謎が解かれたとき、スフィンクスから逃れられるであろうという神託を受け、何度も会合して謎の意味を考えたが解くことができなかった。

多くの者がスフィンクスに食べられ、遂にクレオン王の子供がその犠牲になるに及んで、王はこの謎を解いた者に王国と先王ライオスの妃を与えるという布告を出した。

通りかかったオイディプスはこの布告を見て、即座に、スフィンクスの謎は人間である、と解いた。この話は現在では知らない人はいない。赤児のときは四足で、成人して二足、老年になっては杖を足に加えて三足、というあの謎々である。謎を解かれたスフィンクスは城壁から身を投げ、オイディプスは王国を継ぎ、イオカステを妻とした。のっぴきならないことになった。

イオカステの死

この凶まがしい事態をソポクレスが悲劇に仕立てた。『オイディプス王』である。

オイディプス治世下のテーバイにまた新たな禍いが湧いた。疫病の流行、飢饉などのために人びとは塗炭の苦しみに喘いでいた。オイディプスは妻の弟クレオンに命じてデルポイに神託を伺いに行かせていた。帰って来たクレオンはこの災厄の原因は、ライオス王の死にまつわる穢れが払われていないからだと伝えた。以前にも述べたが、太古のギリシアにあっては、先代の王を殺した者が王国を相続する場合、先ずその血の穢れが潔められねばならない。

オイディプスの脳裡にデルポイへの道で一人の老人に出会い、これを殺したことが掠《かす》めた。しかしオイディプスは理性の権化のような男である。自分の手で、徹底的にこの事態を究明しようとした。そして真実が次第に明らかになるにつれ、観客は、オイディプスがわれとわが身を破滅に追いこんで行く姿を見るのである。

その緊張感と迫力、スリリングな筋の展開は、この作品が古来ギリシア悲劇中屈指の名作と言われて来たことを保証して余りある。日本での上演回数もずいぶん多い。

劇が終盤にさしかかって、オイディプスは証人として、コリントスの羊飼とライオス王の牧場番を呼び寄せようとした。そのときすでにイオカステには総てがわかっていた。何とかしてオイディプスの究明を止めさせようとしたが、オイディプスは聞かなかった。オイディプスが自身の素性を知ることをイオカステがためらうのは、彼自身が卑しい奴隷の出であることを嫌うためだと誤解した。ここはしばらく、現在の夫が、実はわが子であるとすでに知ったイオカステと、イオカステが自分の妻であるとしか認識していないオイディプスとのやりとりを劇に沿って紹介してみよう。

イオカステ　どうしてこの者の申した男のことなどを？　なにも気におかけることはありませぬ。そんなことなどお気におとめあそばすな、無益《むやく》なこと。

オイディプス　こんな手がかりを得ていながら、おれの素姓を明らかにせぬなどということは、ならぬわ。

イオカステ　お願い申します、お命が大切なら、この詮議はおやめなされませ。わたくしの苦しみだけでたくさんでございます。

オイディプス　懸念には及ばぬ。たとえおれが三代つづいた奴隷を母とする者であっても、そなたは卑しい身分ということにはならぬわ。

イオカステ　とはいえ、どうぞわたくしの言うとおりにして下さいませ。これはおやめなされませ。

オイディプス　いいや、このことを突きとめぬわけにはゆかぬ。

イオカステ　あなたのおためを思うて、いちばんよいことをお勧めしているのでございます。

オイディプス　それでは、そのいちばんよいことが前からおれを苦しめているのだ。

イオカステ　おお不幸なお方、ご自分の素姓をけっしてお知りになりませぬように！

オイディプス　誰か行って、かの牧場番をここへ連れて参れ！　この女には勝手に貴い生れを喜ばせておくがよい。

イオカステ　おお、哀れなお方！　わたしが申上げられるのはこれだけ、これが最後でございます。

言うなりイオカステは宮殿内に走りこんで首を縊《くく》って死ぬのである。それでもまだオイディプスは「自分の素姓を、おれは、それがいかに賤しくも、見とどけたいのだ。あの女は、女のくせに気位の高い奴、おそらくはおれの下賤の出を恥じているのであろう」などと言っている。

オイディプスの自己処罰

しかしそのオイディプスも、遂に自分の素性を明白に知ることとなる。自ら首を縊って死んだイオカステの身体を下ろして部屋の床に横たえると、王妃が身を飾っていた留針を着物から引き抜いて、われとわが目を突き刺して叫んだ。「おれの不幸、おれの悪業を見るのもこれが最後だ」「おお、結婚よ、お前はおれを生み、同じ女《ひと》から子を世に送り、父親、兄弟、息子の、また花嫁、妻、母のおぞましい縁《えにし》を、そうだ、人のあいだでこの上もない屈辱をつくり出した。だが、けがらわしい行いは、口にするだにけがらわしい。さあ、一刻もはやく、頼む、どこへなりと国の外へおれをかくしてくれ、殺してくれ、海に投じてくれ、もはやおれの姿の見えぬところへ！」

劇はかなりボルテージをあげてオイディプスの悲惨と狂乱を描いているが、例のアポロドーロスは、その間の経緯を淡々と次のように記すのみである。

「(スフィンクスの謎を解いた) オイディプースは王国を継ぎ、自分の母と知らずに娶り、彼女より息子ポリュネイケースとエテオクレース、娘イスメーネーとアンティゴネーとを生んだ。しかし一説によれば子供はヒュペルパースの娘エウリュガネイアより生れたのであるという。後秘密が明らかとなった時、イオカステーは縄を結んで縊《くび》れ、オイディプースはわれとわが目を盲《めし》いにし、市より投げ出されようとしている彼を見ながら援《たす》けようとしなかった息子たちに呪いをかけて後、テーバイより追い出された。彼はアンティゴネーとともにアッティカのコローノスに来《きた》り、――ここにはエウメニデスの聖域がある――そこに哀訴者として坐した。

テーセウスによって受入れられて後、間もなく死んだ」

この記述によれば、オイディプスがイオカステとのあいだに儲けた四人の子供は「一説によれば」ということで再婚した妻とのあいだの子供だとする説があることを示している。父を殺し、母を妃にしたところまでオイディプスの罪を認めても、四人もの子供を儲けるという凶まがしさに耐え難い伝承がこのように変更されたのだ、という説があるらしいのである。

なお、ホメロスによればオイディプスはこの事件でイオカステが自殺したあとも王位に留まって、後に戦場で倒れたことになっている。『イーリアス』に「この殿（エウリュアロスという英雄）はむかし　戦《いく》さに殪《たお》れたオイディプースの葬式へとテーバイに往き」とあって、たった一行の短い文言なのだが、オイディプスの別伝として古来問題になっているところである。通常、オイディプスは出生の秘密を知ってから放浪の旅に出て、息子が跡を継ぐことになっているからである。

ただわたしは、この事件を扱う男たちの姿勢に、共通したおっかなびっくりを感じるのである。つまり、この問題に関して、オイディプスへの言及は、同情にしろ断罪にしろ、主張ははっきりしているのだが、イオカステに対するそれが定まっていない。態度保留というか、素通りしてしまっている。いかんともし難かった運命に翻弄されたからというわけではない。例えばメディアなどのように、はっきりと男の不実が原因で惹起された行為でも悪女のレッテルを貼っている。パンドラのように、最初から、女であるから悪みたいにきめつけられている女性もある。それに比して、イオカステに対する男たちの、この逃腰は何だろうか。わたしはそれを男性優位社会成立のプロセスにおいて、男たちが最初に当面した蹉跌であると考えるのである。

母子相姦の原因は男性社会

通常、母権社会である動物の群れにあっては、母子相姦はほとんどと言ってよいくらい無いと言われる。スキンシップによって子供を育て、子供が成長すると発情期の来た雄だけを群れの外へ追いやるシステムにあっては、母子相姦は成立しないのだ。ただ父娘相姦はもともと父というものが居ないのだから、父という意識なしで雌雄の関係が成立している場合があり得る。もちろん、動物によって異るけれども、サルなどは五、六年経って群れのなかの幼い雌が成熟して来てボスザルと雌雄の関係が可能になる頃に、突然、群れが解体することがあるそうだ。また、内部からの解体でなくとも、群れは始終ボス交替の危険にさらされているのである。雄にとっては生命の危険となるこのボス交替も、雌にとっては、父娘相姦の事態を回避する自然の摂理だと言ってよいだろう。

オイディプスの事件が発生したのは、こうした自然の原理に反した男性社会が原因だと先ず考えるべきなのである。この事件の発端はライオス王の子殺しにある。メディアの子殺しが神話の世界で女性の悪として大きくクローズアップされるのに、ライオス王の子殺しはほとんど問題にされない。

単純に言って、この事件では一方的にライオス王が悪い。オイディプスは与《あずか》り知《し》らないところである。もっともギリシア神話ではライオス王に限らず、父が、あるいは祖父が、子、あるいは孫によって権力の座を脅やかされることを恐れて、これを殺す例は数多くある。男性優位社会成立のプロセスにおいて生じる必要悪なのかもしれないが、そのため母子相姦という凶まがしい事態が生じた。イオカステの所業への及び腰の言及は、原因は男性社会にあるということがわかっている男たちのとった自己防衛本能ではあるまいか。

フロイトに異を立てるようだけれども、母子相姦は本能としてはあり得ない。だからこそ、オイディプスがイオカステと交わって生まれた子供たちが、非常に凶まがしい存在として捉えられるのである。

ソポクレスの『オイディプス王』の終り近く、すでに目を突いて盲目になったオイディプスがアンティゴネとイスメネの二人の娘を引き寄せて、次のように歎く。

「この手はな、お前たちの生みの父のかつては輝いていた両の眼をこんなふうにしてしもうたのだ。そのおれは、何も見えず、何も知らずに、自分が生まれたその腹から、子供らよ、お前たちを生んだのだ。お前たちのためにもおれは涙を流している。お前たちを見ることはかなわぬが、浮世の浪のまにまに、生きてゆかねばならぬこれからのお前たちの痛い暮しを思うてだ。どのように町人《まちびと》の集りに、またどんな祭に行って、見物する代りに、泣いて帰って来ぬことがあろうか。また嫁ぐにふさわしい花の盛りとなった時に、子供たち、おれの子にも、またお前たちの子にも禍いとなる、このような誇りを身に引き受けてくれる者があろうか。凶事《まがごと》には、欠けることとてない。お前たちの父は父親を殺した。自分の種がそこに播《ま》かれた生みの母親の腹を耕し、われとわが誕生の同じところからお前たちを得た。こう非難されるであろう。さすれば、誰がめとってくれようぞ。子供たちよ、誰もあるまい。疑いもなく、うまずめの未通女《むすめ》として、お前たちは朽ちゆかねばならぬのだ」

わたしはこの台詞から、オイディプスが恐れもし、凶事《まがごと》と感じているのは、父親殺しよりも、母子相姦にあると思えてならない。だからこそ、娘がその胎《はら》に子を宿すことを、世間の目もさることながら、先ず、自分から怯気をふるって拒否しているのである。オイディプスには娘たちの他に、息子も二人いて、これは彼が呪いをかけたため、兄弟さし違えて死ぬ運命に追いこまれるのだが、何故か、こちらの方には生理的なおぞましさがない。アンティゴネたちのおぞましさはイオカステの自殺をなおざりにしたことと表裏の関係にあると思えてならない。

邪教に堕ちた母・アガウェ

女たちの狂乱

アガウェの名を聞いたことのないひとでも「バッコスの信女」は御存知だろう。酒神バッコスに従って、トチ狂った行状に陥った女たちである。『ギリシア・ローマ神話辞典』では彼女たちのことを次のように紹介している。

「……酒神によって忘我の境に入り、狂気に浮かされ、蔦《つた》、樫《かし》、樅《もみ》の葉の頭飾をつけ、身には豹《ひょう》その他の動物の皮をまとい、半裸の姿で山野をさまよい、大木を引き抜き、猛獣を殺し、生肉をくらい、あらゆる物事の判断を忘れて狂いまわった」

現在で言えば、新興宗教の教団に入って狂い廻った女たち、ということになろうか。教祖はバッコス。ただし、これはこの信仰が発生したギリシアの北方トラキア地方の呼び名と推定され、ギリシアの神々の呼び名としてはディオニュソスとして通っている。

ディオニュソスは酒の神であるが同時に祭りの神、演劇の神、舞踊や音楽の神である。この神に対する信仰が主として女たちのあいだで狂乱の踊りを伴った儀式として執行され、後に

「エレウシスの秘教」と言われる、古代のヨーロッパを席捲した祭儀にまで発展して行くことは後に触れよう。

北方から次第に南下したディオニュソス教がテーバイの国に入ったとき、女たちが大挙してこの集団に流れこんだ。アガウェはそのテーバイの王妃で、テーバイ王カドモスとハルモニアの娘である。ハルモニアについて、読者は記憶しておられるだろうか。あのアプロディテ女神とアレス軍神との不倫の子である。不倫の子でもれっきとした女神と男神のあいだに生まれた娘であるから彼女がテーバイの建設者カドモスと結婚するとき、神々はさまざまな贈りものをした。しかしそのなかには呪いも入っていたから、テーバイの国にはさまざまな凶まがしいことが起こると言われて来た。先きに述べたオイディプス王の事件も、カドモスより数代あとの出来ごとであった。

さてアガウェはエキオンと結婚してペンテウスを生んだ。エキオンは、カドモスがテーバイの国をつくるときに播《ま》いた竜の牙から生まれた戦士である。このあたりまではまだ母権時代の名残りを幾らか保った建国物語なので、表に出ない父親も多い。カドモスは娘の子供であるペンテウスに王位を譲った。ディオニュソス教がテーバイに入って来たのは、このペンテウスの時代で、カドモスは隠居の身であった。

エウリピデスの悲劇『バッコスの信女』はこのペンテウス王がディオニュソスと対決して、

信女たちを引っ捕えるために彼女らの集まっている山へ乗りこんで行く話である。ペンテウスはしばらく旅に出ていたが、帰国してみると国中が騒ぎになっていた、という設定で、劇はこんなふうに始まる。

「……ただいまかえってきけば、国では怪しからぬことが起ったそうな。女どもが、バッコスの祭であるとか称して、家を明け、昼なお暗い山中をうろつき廻り、ディオニュソスとかいう新来の神をあがめて踊り狂っているという。一座の中央に酒をみたした甕《かめ》を据え、てんでに人目のつかぬ場所に忍んで行っては、男どもの欲情をみたし、神に仕える巫女《みこ》の役目だなどと申しているが、じつはバッコスならぬアプロディテの祭といった態たらくであるそうじゃ」

1993年、エピダウロス演劇祭のパンフレットから。壺絵はブリギアのもの。バッコスの信女の一人がライオンを打ち殺そうとしている。アガウェだろう。

男性社会の制約を逃れて

十年ほど前、わたしは『男たちのギリシア悲劇』という本を出版したのだが、そこで、このペンテウスの台詞に触れて、こんなふうに書いた。

「ここで重要なのは、女たちが家を明けて山のなかで自由に飲んだり踊ったり男たちと寝たりしている、ということである。もし、こうした現象が、ディオニュソスを名告《なの》る（もちろんディオニュソスでなくてもいいのだが）新興宗教の信者たちの行為として、当時のギリシアにあらわれたのであるならば、まことに興味深いことだと私には思われるのである。男性優位社会は、完全にその基礎を固めてしまい、結婚も制度的に整って来たであろうこの時代に、女たちが反乱を起した、そう考えられるからである。男性中心の一夫多妻の結婚の形態に反撥した女たちが、一時的にしろ原始の自由な生活へ走った。もちろん男たちは慌てる。特に、男性社会の秩序を司る国の王たる者がこれを放置するわけにはいかないことは言うまでもない」

従来、この『バッコスの信女』はペンテウスをギリシア的、ないしはアポロン的理性を代表するものとし、この理性が、ディオニュソス的東方的反理性へ挑戦したものとして捉えられて来た。確かに、そうした構図で捉えられる性質のものではあるが、わたしはそれをもう少し長い時間軸の上において、母権の社会から男性優位社会への移り行きのなかでの出来ごととして眺めてみたかったのである。ペンテウスがカドモスの孫として王位を継承し、父親が軽く扱われているところから、母権の名残りがまだ存在する時代とペンテウスの治世を捉えたが、流れとして男性優位社会はすでに揺ぎないものだったのだろう。だからこそ、女たちが新興宗教に頼って家出したにちがいない。

『バッコスの信女』はエウリピデスの遺作である。この作品が上演された前年に彼はマケドニアのペラという町で死んでいる。ペラ移住は死の少し前で、この国の王アルケラオスの招待によるものだが、死因についてはアルケラオスの犬に噛みつかれたとか、バッコスの女信者たちの手にかかったとか、とんでもないゴシップが残っている。

ただ、ゴシップも、まるで根拠のないものではない。ここでは後にアテネのエレウシスの秘教とも結び付いていくデメテル信仰に端を発した秘儀がさかんな場所であったようだ。劇作家であるエウリピデスがこれに興味を覚えないわけはなかったろう。これは秘教であって、信者以外でその秘儀を覗いた者、また信者でその秘儀を公開した者は八つ裂きにされた、という言い伝えが残っている。従って、何らかの形でこの秘儀を取材？　しようとしたエウリピデスが罰せられたことは事実かもしれない。

しかし、真実か否かは別として、エウリピデスは信女たちの有様を次のように描写したのだ。

「……御母上（アガウェのこと）は、信女らのまっただなかに立ち上がられ、一同に眼覚めて起きよと、大声に叫ばれました。女たちはいっせいに、眼から眠りをはらい落して立ち上がりました。老いも若きも、まだ嫁がぬ娘も交えて、その規律のよさは、まったく驚くばかりでございます。まず髪をとき肩まで垂らすと、こんどは小鹿の皮の結び目の解けたところを結び直し、帯に代えて、ひらひらと舌を閃かす蛇を、その斑《まだら》の皮衣に締めたのでございます。中には仔鹿や狼の仔を抱いて、雪白の乳を飲ませているものもおります。産んだばかりの赤児を家に残して、乳のはった女どもでございましょう。常春藤《きづた》に樫、また花咲くミラクスで編んだ冠を頭に挿し、一人が杖をとって岩を打つと、その岩から清らかな水がほとばしります。また一人が杖を大地に突きさせば、神の業か、葡萄酒が泉のごとく湧いてまいります」

しかし、このような穏やかな集団も、その集団のなかから女たちを引き離そうとすると様相を一変する。女たちはその者に一斉に襲いかかって八つ裂きにするのである。

ペンテウスの無惨

話を聞いて、ペンテウスは、いよいよこのような集団を放置しておくわけにはいかない、下手をすると、男性社会の秩序は踏みにじられてしまうかもしれない、と躍起となる。

「バッコスの信女らの狼藉は、今や燃えさかる野火のごとく、われらの身近に迫ってきている。ギリシアにとって何という恥辱であろう。今は一刻の猶予もならぬ。……女どもにこのような目にあわされて我慢がなろうか。まことに言語道断のことじゃ」

と、このまま攻めこめば筋が通るのだが、エウリピデスはここで人間の姿をとったディオニュソス神を登場させる。人間の姿をとったディオニュソス神は、自分はディオニュソス教をテーバイに広めに来た者だと宣言してペンテウスに捕えられる。もちろんこれはディオニュソス神の策略なのだが、牢を破って出て来てペンテウスに、神に向かって武器を取ってはならぬと忠告する。そして言葉巧みにペンテウスの好奇心を刺戟し、キタイロンの山にいる信女たちを見たくはないか、と誘う。

古来、この戯曲は主題の分裂や不整合を指摘されている。遺作ということだが、あるいは未完だったのかもしれぬ。しかしここは劇の出来不出来を論ずる場所ではないので、信女に変装して山へ乗りこんで行くペンテウスのあとを追ってみよう。ペンテウスはディオニュソス神に「軽く頭を狂わせ」られて、喜々として女の衣裳を身に着け、「己れの母の手にかかって最期を遂げ、地獄に落ちるその死出の旅路」へと向かうのである。

ペンテウスが山に入り、信女たちが集まっている場所に出たとたん、それまで人間の姿をしていたディオニュソス神がふいっと姿を消し、天から声が降って来た。

「娘らよ、われらとわが信仰を嘲ったものをば、ここに曳いてまいったぞ。ぞんぶんに懲らしめてやれ」

それから天地のあいだを火柱が走った。一瞬、周囲は沈黙し、森の風も止み、獣の声も鳥の鳴き声も聞こえなくなった。信女たちは、はじめ何のことかよくわからずきょろきょろしていたが先刻の声が再び聞こえると、はっと気がつき「鳩の翼にも劣らぬ」早さで、一気に駈け寄って来た。

アガウェが先頭である。続いてカドモスの娘であるその姉妹たちが信女たちを引き連れ、渓流も岩も一気に跳びこし、高い木の上から信女たちを眺めようとしていたペンテウスめがけて、樅の枝でこしらえた長槍を狙い放って来た。しかしペンテウスの場所が高くてなかなか命中しない。するとアガウェが叫んだ。「さあ、みんな、樹のまわりを囲んで幹をおもち、樹の上にいる獣を捕えるのだからね。この秘密の祭の様子をしゃべらせてはならぬのだよ」

その命令で女たちは幹に手をかけ、力を合わせて樹を根こそぎ引き抜いてしまった。転げ落ちたペンテウスは悲痛な叫び声をあげて命乞いしたが、女たちは聞き入れない。女たちの攻撃を防ぎながら、ペンテウスは女装していた髪飾りをかなぐり捨て「母上、私です」と訴えるけれども、アガウェの耳には入らない。その場の有様を、目撃していた供の者の言葉として、エウリピデスは次のように語らせる。

「虫の息の殿様の呻き声と、信女たちの歓声とが入り交って、すさまじい一つの声になって響いている。殿様の腕を摑んでいるものもあれば、靴を穿《は》いたままの足を握っているものもある。肉を引きちぎられて肋骨がむき出しになってゆく。やがてどの女も、血まみれの手で、ペンテウスさまの肉片を、毬のように投げ合って戯れるのだ。

殿様のお遺骸《なきがら》はばらばらになって、一つは岩蔭に、一つは森の茂みにといった具合に、なかなか見つからぬほど散らばっている。首は母君が持っておられるが、杖の先に突きさして、まるで山に棲む獅子の首でもとったように、キタイロンの山から運んで来られる」

意気揚々とアガウェは町へ帰って来る。「……とりわけてこのわたしは、機《はた》織る筬《おさ》も梭《ひ》も捨てて、素手で獣を狩るというたいそうな仕事をしてきたのですもの。ほれこのとおり、わたしの手柄のしるしをば、お屋敷の前に懸けようと、こうして手にもってきております」と言いながら。

このあと、アガウェは正気に返り歎き悲しむのであるが、わたしは何故か狂乱のアガウェに魅力を感じてしまう。そこでのアガウェは男性社会の規制を撥ね返す強い力を持っていたと思えるからである。

秘教と女性

それにしても男性社会の規制を女性が撥ね返すとしたら、それは狂気によってでしかないのか、という別の問題がここに生じて来る。もっとも観点を変えれば、狂気というのは規制を、つまり現代ふうに言えばストレスを解消するときの人間の意識の一つの在りかただと見られなくもない。ストレスのために子殺しをしてしまう現代女性もいることを思えば、アガウェの行為は女性の無意識の層のなかに潜在している問題と無縁でないかもしれない。

『バッコスの信女』という戯曲は、通常、ディオニュソスの布教を阻み拒もうとしたペンテウスに対して、神が与えた罰の物語として捉えられている。いわゆるディオニュソス教と言われるものが女たちを中心にもの凄い勢いで拡まったとき、各地でそれに対する拒否運動が起こったことは数多くの伝承から推測することができる。ペンテウスの事件はその一例であったらしい。

わたしがギリシア神話を三期に分けて捉えていることは、すでに何度か述べて来た。そして第二期、オリュンポスの神々を中心にした神話がもっともギリシア神話的であることと、この時期、明確な形で男性優位社会が形成されつつあったことも重ねて述べて来た。

ディオニュソスはゼウスとセメレ（カドモスとハルモニアの子、つまりアガウェの姉妹）とのあいだの子供という形でオリュンポスの神話に組み入れられたけれども、扱いは、いつも外来神である。従ってディオニュソス神話を系統的に述べることはきわめて困難である。だが、この困難さを逆手にとって観察すると、オリュンポス神話のなかにありながら、オリュンポス神話を揺さぶり続けたものの姿が見えて来る。つまり、男性優位社会成立のプロセスのなかにありながら、常にそれに抵抗していた力の証しをそこに見ることができる。ディオニュソス教が秘教という形で、女性の信者を中心にエレウシスの信仰と結び付いて行ったことも納得できる。

先きにわたしはエウリピデスはマケドニアのペラに行って、何らかの形でこの秘教に接したのではないか、と書いたが、マケドニア地方の秘教はその中心地がサマトラケという島にある。サマトラケの秘教はエレウシスのそれと並び称され、全ギリシアにオリュンポスの神々への信仰とは別に、隠然たる勢力を振っていたと言われるのである。

サマトラケの秘教の祭神はカベイロイである。カベイロイという呼び名はこの地方の豊穣の女神であるが、ギリシアふうにメガリ・セイ（大女神）と呼ばれていた。第一期の大地母神系の神と考えていいだろう。これが第二期のギリシア神話に繰入れられて、カベイロイはヘパイストスとレムノス島の女カベイローとのあいだに生まれた子供たちということになっている。カベイロイというのは複数の呼称だが、その年長者がディオニュソスと言われる。ここは神話が錯綜してややこしいところだが、カベイロイの数は三人とも四人とも七人とも言われ、特に四人の場合、ギリシアのデメテル、ペルセポネ、ハデス、ヘルメスに対応しているが煩雑なので神話の比較検討は避ける。わたしたちとしてはサマトラケの秘教が男性優位社会成立以前の神々への信仰に支えられ、それがエレウシスの秘教に通底するものであることを確認すれば足りる。

『バッコスの信女』はエウリピデスがサマトラケの秘儀を垣間見て書いたものであるとするならば、これと通底するエレウシスの秘教をエリーニュエスの恐ろしさとして描いたのはアイスキュロスである。エレウシスのデメテル神殿の神官の息子であったアイスキュロスが、エレウシスの秘教に何らかの形で接することを得、オレステスを弾劾する復讐の女神たちエリーニュエスの恐ろしさを描きあげたことも想像に難くない。

アガウェのエネルギーは（わたしは悪女はエネルギーだと思うのだ）秘教のなかに閉じこめられてしまったが、閉じこめられただけに現在も女たちの無意識の層のなかにくすぶり続け、いつ爆発するともわからぬ危険をはらんでいるのではないだろうか。

集団で夫を殺すダナイデス

ダナオスの娘は五十人

ダナイデスの物語は、今日から見ると、奇妙で桁違いに恐ろしい。本書はギリシア神話に出没する悪女たちを扱って来た。いや、悪女たちではない、強い女たちだという声が読者から聞こえれば嬉しいのだが、しかし最後にこれから述べようとするダナイデスだけは別だ。悪女たちとも、強い女たちとも言えない。どうしてこのような伝承があるのだろうと、興味がそちらに動いてしまう物語である。

ダナイデス、というのはダナオスの娘たちという意味で、その数は五十人である。ダナオスがニンフをも含むさまざまな女性と関係して得た娘たちである。

一方ダナオスには双生児の兄弟のアイギュプトスがいたが、こちらには五十人の息子がいた。アイギュプトス、というのがエジプトだということを読者はすぐに気付かれるだろう。ダナオスというのはホメロスなどによればギリシア人の総称である。ホメロスは『イーリアス』や『オデュッセイアー』のなかで、ギリシア人のことをアカイオイあるいはアルゲイオイつまりアルゴス人、と呼んだり、あるいはダナオイ、つまりダナオスの後裔と呼んだりしている。従ってこれはギリシア人とエジプト人の祖先の話、ということになるだろう。

この兄弟の争いについては、さまざまな伝承があって交錯しているが、アポロドーロスの『ギリシア神話』に沿って紹介してみよう。

ダナオスとアイギュプトスは、ナイルの娘アンキノエーと結婚したエジプト王ベーロスの息子である。王権に関して争った結果、ダナオスはアイギュプトスの五十人の息子たちを恐れ、アテナ女神の忠告に従って、最初の船の建造者となり（アルゴー船が人類最初の船ではなかったか、という疑問が記憶のよい読者から出そうだが、神話は歴史でないので、それを証明するものはない。伝承はしばしば錯綜する）、娘たちを連れて国を逃れた。

途中、ロドス島に立ち寄り、リンドスにアテナの像を建てた。ロドス島リンドスのアテナ神殿の遺跡は現在でも観光の名所だから、立ち寄られた読者もあるかもしれない。ロドス島でアテナ女神への御礼参りを済ませたあと、ダナオスと娘たちはアルゴスへ来た。現在のペロポネソス半島にあるアルゴス地方である。当時王であったゲラノールがダナオスに王座を譲った。ダナオスはこの地を征服して、住民たちを、自分の名をとってダナオイと名付けた。

しかしこの土地は、その昔、河神がポセイドンと争ったため、ポセイドンが怒って泉を枯渇させたので水が無かった。そこでダナオスは娘たちに水汲みをさせていた。

娘の一人が水汲みに行ったとき、一頭の鹿を見つけて槍を投げたところ、眠っていたサテュロスに当たった。サテュロスというのは野獣的に行動する巨大な陽根を備えた山野の精である。飛び起きたサテュロスは少女に対して欲情を起こし、これを襲おうとしたがポセイドンが現われてこれを追い払い、少女はポセイドンと寝た。ポセイドンは少女にレルネーにある泉を教えた。レルネーというのは、現在もアルゴスの南にあって、出城のような遺跡が残っている場所である。

テーベ博物館所蔵のお棺に描かれた泣き女。女たちの顔は、古いミノア時代、エジプト文化の影響を思わせる顔立ちである。（撮影：著者）

ところが、アルゴスで平穏な日が続いたのも束の間、アイギュプトスが五十人の息子を引き連れて、アルゴスにやって来たのである。そしてダナオスにこれまでの争いを止めて、彼の息子たちとダナオスの娘たちを結婚させたいと申し出た。

夫殺しは父の命令

ダナオスはためらった。アイギュプトスの提言が信じられなかった。国を追われ、娘たちともども流浪した恨みも忘れていなかった。しかし、ともかくその結婚に同意し、娘たちをアイギュプトスの息子たちに割り当てた。アポロドーロスは娘たちと息子たちの五十の組合せを全部書き記している。組合せは二、三の例外（名前が男性名と女性名の語尾の違いだけで同名の者）を除いて、ほとんどがくじで引き当てたことになっている。

カップルが総て整ったあと、ダナオスは饗宴を開催した。そして娘たち一人一人に秘かに短刀を与え、花婿が眠っているあいだに殺すよう命令した。四十九人の娘たちは全員、父の命令を守って花婿を殺した。ただ一人、ヒュペルムネストラだけは、花婿のリュンケウスが彼女に優しくし、その処女性を守ってくれたため彼を助けたのであった。

ダナオスはヒュペルムネストラを部屋に閉じこめ見張りをつけた。他の娘たちは花婿の首をレルネーに葬り、身体は市の前で葬礼に付した。そのあと、ダナオスは、あらためてリュンケウスとヒュペルムネストラを結婚させ、「そのほかの娘たちを競技の勝者に与えた」とアポロドーロスは紹介する。ここでの競技の勝者というのが何を意味するかよくわからないが、ホメロスなどにも葬儀のとき、死者の供養として競技をしたことが謳《うた》われている。もっとも人気のあるのが馬車競争だったようだが、拳闘、角力、円盤投げ、槍投げ、短距離競走など、後にオリンピックの競技種目になるものが、すでにあったことが紹介されている。

ホメロスの『イーリアス』で謳《うた》われているのは、パトロクロスという英雄のお葬式のときで、さまざまな褒美の品が出たようだ。神話を歴史的に順序立てて捉えることは困難だが、ダナオスのこの話は、『イーリアス』に謳われているトロイア戦争よりは昔のことに思われる。どんな競技が行われたかはわからないが、競技の勝者に娘が与えられたというのは、男性社会の当初にはよくあったことかもしれない。トロイア戦争の時代でも賞品に女が当てられていて、「一人の女を　真中に据えて置かせたのは、多くの手技《てわざ》に堪能で、四匹の牛と値ぶみされていた」などという例が、いたるところに出て来る。とにかくダナオスは、一人だけを除いて、四十九人を全部賞品にして、アルゴスの男たちに与えたのだ。ヒュペルムネストラと結婚したリュンケウスはダナオスのあとを継いでアルゴスを支配した。

そして、ここから話がさらに奇妙に展開するのだが、煩雑な人名は避けて、成り行きだけを簡単に述べるとこうなる。

リュンケウスとヒュペルムネストラの夫婦から息子が生まれ、息子が王位を継いで双児が生まれた。この双児は胎内にいるときから争ったと言われ、さまざまな経過のあと、アルゴスを二分する。ところがこの双児の一方（プロイトスと言うのだが）の娘たちは成長するとみんな気が狂った。原因は、ディオニュソスの祭礼を受け入れなかったからだとも、ヘラの木像を軽んじたためだとも言われる。

気が狂った娘たちはアルゴス全土をさ迷い歩き、しどけない恰好で荒野を走り廻った。予言者が現われ、王権の三分の一を貰えるなら娘たちを治療してやると持ちかけたが、父親が断ったので、娘たちはさらにひどく気が狂い、その上にこれに同調して狂う女たちが続出した。彼女たちはみな家を棄て、自分たちの子供を殺して荒野をさ迷ったのである。ここに到って王も遂に条件を承知し、予言者は逞しい若者たちを選んで、「叫び声と神がかりの狂激な踊りとともに女たちを山から」一団となって追いたてた。途中、娘たちの最年長者は死んだが、他の者は潔められて正気に戻った。

男性優位社会成立の軋み

この話は読者に『バッコスの信女』を思い起こさせるだろう。信女たちのテーバイとこのアルゴスではずいぶん離れているが、同じく男性優位社会成立の際に生じた軋み、女たちの抵抗の証しとわたしは捉えている。

当然のことだが、こうした軋み、抵抗、男たちにとってマイナスになるような事実はいい加減にあしらわれる。正確な伝承がない。男性優位社会成立の初期に出来したダナオスの五十人の娘たちの事件は、従って真実がどのようなものであったかが明らかでない。悲劇などでそれを確かめたいと思っても失われてしまっている。

たとえばアイスキュロスがこの事件を『救いを求める女たち』『アイギュプトスの息子たち』

『ダナオスの娘たち』の三部作に書いたことが記録には残っているが、『アイギュプトスの息子たち』と『ダナオスの娘たち』は現在は無い。

『救いを求める女たち』では、ダナオスの娘たちがアルゴスに上陸し、父親の指示に従ってゼウスの神像にすがって救いを求める。彼女たちが何故アルゴスの地にやって来たかが詳しく述べられる。アルゴスのヘラの女神官イオはゼウスの愛を受けたがヘラに嫉妬され、牛に姿を変えられてヨーロッパからアジアへとさ迷い歩くが、遂にエジプトに辿り付き、ここで人間の姿にかえってゼウスの子であるエパポスを生んだ。これがダナオスの娘たちから言えば五代前のじいさんである。彼女たちにとってアルゴスは由縁の地である。『救いを求める女たち』では、主としてこうした経緯が語られる。

アルゴスの領主は、最初はアイギュプトスの息子たちを武力で斥《しりぞ》けるとしたら「苦々しい出費《ついえ》」だと否定的だったのだが、娘たちの懇願とダナオスの説得によってようやく納得する。「ダナオスの娘らはいちおう求婚者の撃退に成功するが、恐らく次曲で屈従を余儀なくされ、第三曲でその復讐、夫殺しが遂行されたものであろう。伝説はそう伝えるが、委細はすべて失われている」と訳者の呉茂一氏は述べている。

わかっていることは、アイスキュロスの『救いを求める女たち』では、ダナオスの娘たちはひどくしたたかだということだ。父親に注意された通り、下手に出て庇護を懇願するが、アルゴスの領主が難色を示すと、それでは「このお社の楣から、ちっとも早く首を吊って下りましょう」などと言い出す。五十人もの娘に神殿で首を吊られてはたまらない。アルゴスの領主はしぶしぶ承知しないわけにはいかなかったのだろう。

このようなしたたかな女たちだからこそ、父親の命令とはいえ、一斉に婚礼の夜に相手の男を殺すことができたのだろうと思う。アルゴスの市の広場に掛けられた四十九の首を想像すると、それが若い娘の仕業だけにわたしは身震いが止まらないが、太古にあっては、女たちも男たちと同様、血まみれの生きかたをして来たのだと認識を新たにしている。

ギリシア神話やギリシア悲劇には、男たちが血みどろの戦いを繰広げた有様は活写されているが、女たちは男たちの戦いの蔭で顔を掩《おお》い、震えているのが大半である。しかし時折凄まじいのがいる。この本では、そうした凄まじいのに焦点を当てて来たが、ダナイデスはその詳細が失われているだけに、一層酸鼻な物語のように思えてならない。

おわりに

それまで十年間借りていたアテネの部屋を、五年前に引き払って以来、一度もギリシアに行っていないわたしに、昨年、彼の地を訪れた友人が言うのです。

「アテネはいま、二〇〇四年のオリンピックに向けて大変よ。あなたの住んでた近所には地下鉄が通って……」

——えっ、地下鉄？

わたしはどきりとしました。わたしの借りていた部屋はエガレオという町にあって、アテネの中心アクロポリスから北西の位置に当たります。近所にケラメイコスの遺跡があり、これは陶工区、という意味ですが、墓地跡と考えられています。このケラメイコスからさらに北西に進んで行くとエレウシスのデメテル神殿があります。

デメテルが娘ペルセポネを冥界の王ハデスに奪《と》られて、娘捜しに下りて行ったという冥界への通路のあるあのエレウシスです。この通路はまた、ペルセポネが春になると地上に出て母神と暮らし、冬になると地下に下りてハデスと暮らすために往復する通路でもあり、古来、死と再生に関わる秘儀の行われた場所とされています。

ケラメイコスからエレウシスへ、昔は一本の道が通っていたとわたしは想像しました。墓地から冥界の入り口へ到る道です。そして滞在中、しばしばバスで、時折タクシーで、エレウシスへ向かいました。バスで四十分、タクシーなら二十分くらいで行けます。エレウシスへ行き、その冥界の入り口に立つと、目に見えないギリシアの村々が姿を現わすような気がしたものです。

ケラメイコス付近では、ずいぶん前から発掘作業が行われていました。地下鉄工事をしていたが遺跡が出て来たので中断されたと聞いたことがあります。その場所と今度のエガレオの地下鉄開通は関係があるのか、どうか。行ってないからわかりません。しかし地下鉄はおそらく、エレウシスへは行かないで、新しいオリンピック・スタジアムの方へ通じているのでしょう。しかしオリンピックのための発掘作業が進むなか、古代の神々は複雑な思いでいるにちがいありません。もともとオリンピックは、ゼウス大神のために、ペロポネソス半島、オリンピアのゼウスの聖域で開催されていた祭りで、ＢＣ七七六年が第一回です。この古代のオリンピックでは、女性の参加はもとより、観戦も許されませんでした。

現代のオリンピックで活躍する、強い素敵な女性たちは、古代では、ギリシア神話に登場する魅力ある悪女たちだったかもしれないとわたしは考えるのです。女性の力は、いま、古代に返って大きく見直されています。この書がその見直しに役立てば、と思います。

執筆に当たっては、有形無形さまざまの方のお世話なりました。無形の御恩には心からお礼を申しあげ、有形の文献や資料、本文中の訳文の引用と写真掲載については、感謝をこめて巻末に出典を列記させていただきました。

二〇〇〇年十二月

三枝和子

本書の背景となる神々の系図

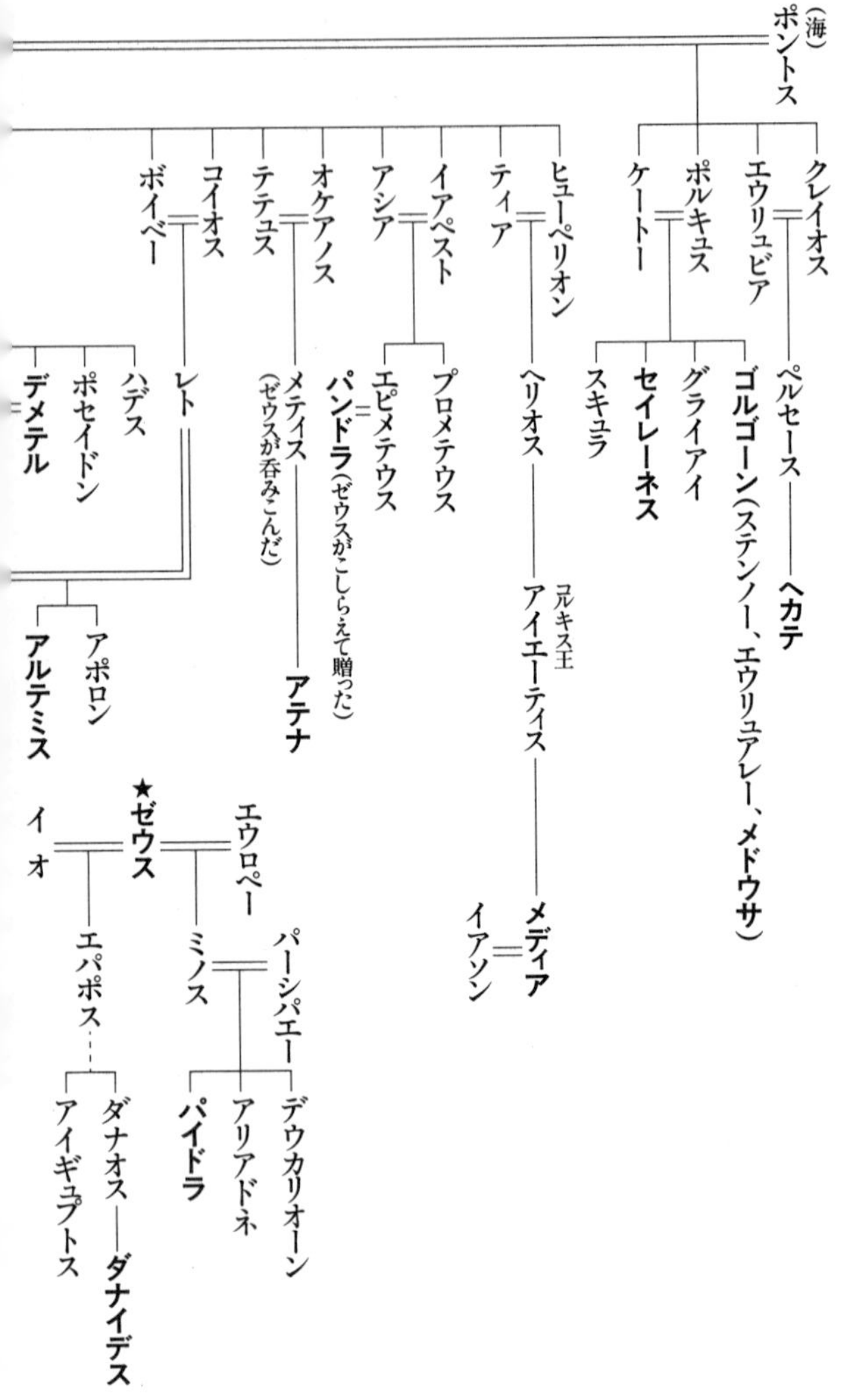
（海）
ポントス
クレイオス
エウリュビア
ポルキュス
ケートー
ヒューペリオン
ティア
イアペスト
アシア
オケアノス
テテュス
コイオス
ボイベー
ペルセース
ヘカテ
ゴルゴーン（ステンノー、エウリュアレー、メドウサ）
グライアイ
セイレーネス
スキュラ
ヘリオス
コルキス王
アイエーティス
メディア
イアソン
プロメテウス
エピメテウス
パンドラ（ゼウスがこしらえて贈った）
メティス
（ゼウスが呑みこんだ）
アテナ
レト
アポロン
アルテミス
ハデス
ポセイドン
デメテル
エウロペー
★ゼウス
イオ
ミノス
パーシパエー
デウカリオーン
アリアドネ
パイドラ
エパポス
ダナオス
ダナイデス
アイギュプトス

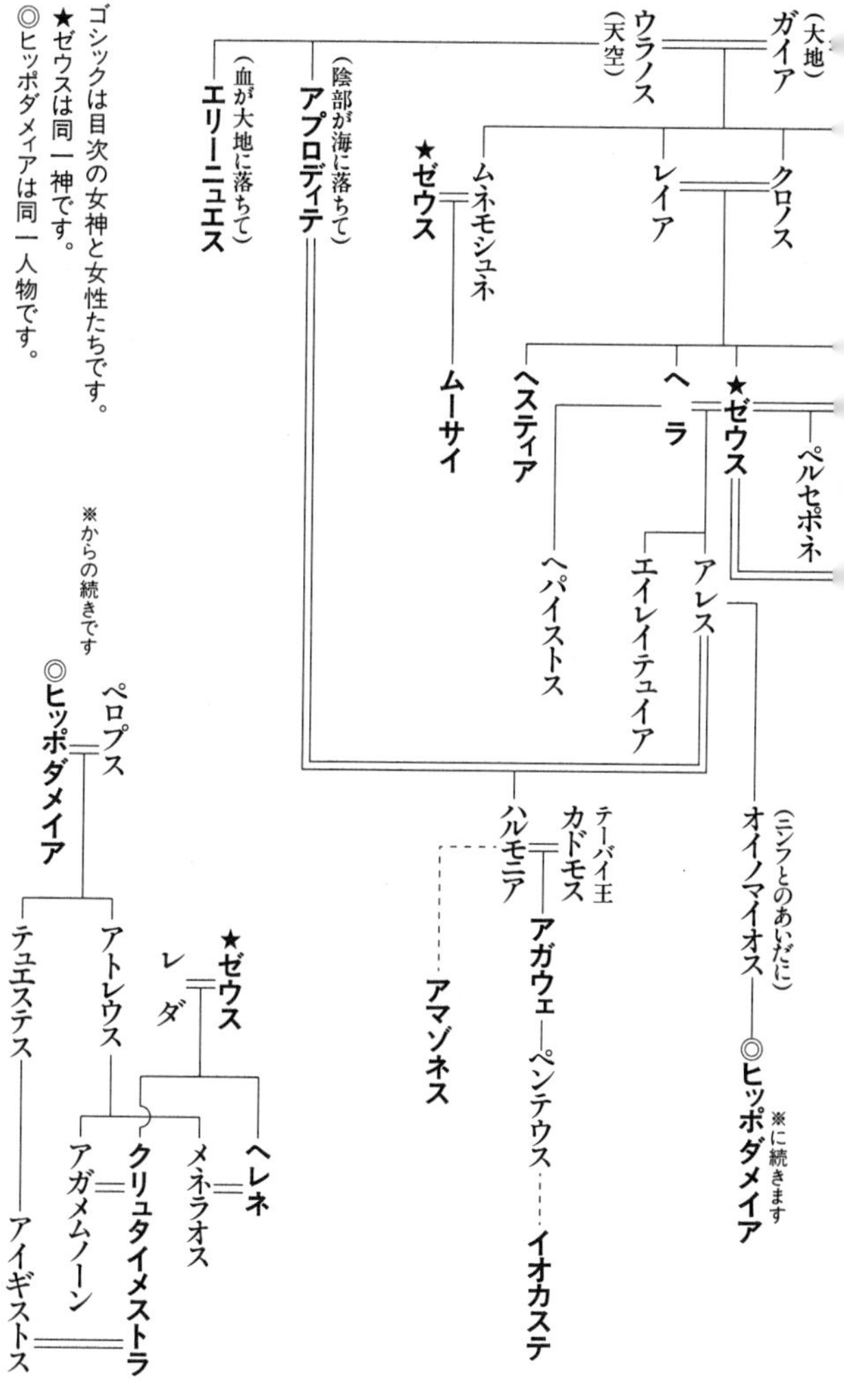

ゴシックは目次の女神と女性たちです。
★ゼウスは同一神です。
◎ヒッポダメイアは同一人物です。

引用原典・参考文献

《引用原典》

『ホメーロス・オデュッセイアー』上下　呉茂一訳　岩波書店（岩波文庫）一九七一、一九七二年
『ホメーロス・イーリアス』上中下　呉茂一訳　岩波書店（岩波文庫）一九五三〜一九五八年
『ヘシオドス・神統記』廣川洋一訳　岩波書店（岩波文庫）一九八四年
『ヘーシオドス・仕事と日』松平千秋訳　岩波書店（岩波文庫）一九八六年
『アポロドーロス・ギリシア神話』高津春繁訳　岩波書店（岩波文庫）一九五三年
『オウィディウス・変身物語』上下　中村善也訳　岩波書店（岩波文庫）一九八一、一九八四年
『四つのギリシャ神話―〈ホメーロス讃歌〉より』逸身喜一郎・片山英男訳　岩波書店（岩波文庫）一九八五年
『ギリシア・ローマ神話辞典』高津春繁著　岩波書店　一九六〇年
『ギリシア悲劇全集Ⅰ〜Ⅳ』呉茂一・高津春繁・田中美知太郎・松平千秋編　人文書院　一九六〇年
『ヘロドトス』世界古典文学全集10　松平千秋訳　筑摩書房　一九六七年
『新装版　ギリシア神話』呉茂一著　新潮社　一九九四年

《参考文献》

『古代のギリシア—図説世界文化地理大百科』ピーター・レーヴィ著　小林雅夫訳　朝倉書店　一九八四年
『エーゲとギリシアの文明—世界の大遺跡5』三浦一郎編著　講談社　一九八七年
『古代ギリシア—西欧世界の黎明』フリオ・ドゥランド著　西村太良訳　新潮社　一九九八年

『ギリシア国立考古学博物館』
『ピレウス考古学博物館』
『デルフィ考古学博物館』
『エレウシス考古学博物館』
『オリンピア考古学博物館』
『ミコノス考古学博物館』
『テーベ考古学博物館』
『イラクリオン考古学博物館』
『ニコシア考古学博物館』
『コリントス考古学博物館』

写真出典一覧

P.31「クリュタイメストラ」、P.53「トロイアの木馬」、P.75「ヘラ」、
P.109「アルテミス」、P.129「ヘスティア」、P.141「オレステス裁判」、
P.151「メドウサ」、P.183「プロメテウス」
——朝倉書店『古代のギリシア—図説世界文化地理大百科』
P.89「アプロディテ」(ルーヴル美術館)、
P.103「アテナ」(ピレウス考古学博物館)、
P.157「アマゾネス」(カピトリーニ美術館)、
P.194「オイディプス」(SCALA資料館)
——新潮社『古代ギリシア—西欧世界の黎明』
P.65「ヒッポリュトス」
——人文書院『ギリシア悲劇全集IV』
P.187「ヒッポダメイア」
——岩波書店『ギリシア・ローマ神話辞典』
P.205「アガウェ」
——「ANPHI-THEATRE」(1993年)

三枝和子（さえぐさ　かずこ）

一九二九年、神戸市生まれ。関西学院大学哲学科卒、同大学大学院中退。小説家。教師を経て作家生活に。六九年『処刑が行なわれている』（審美社）で田村俊子賞、八三年『鬼どもの夜は深い』（新潮社）で泉鏡花賞、二〇〇〇年『薬子の京』（講談社）で紫式部賞を受賞。古代ギリシア文学を読み直すことによって、独自の見解を小説化する試みを続けている。評論集『女性のためのギリシア神話』（角川書店）ほか。

ギリシア神話《しんわ》の悪女《あくじょ》たち

集英社新書〇〇七二F

二〇〇一年一月二二日　第一刷発行

著者……三枝和子《さえぐさかずこ》

発行者……谷山尚義

発行所……株式会社集英社

東京都千代田区一ツ橋二-五-一〇　郵便番号一〇一-八〇五〇

電話　〇三-三二三〇-六三九一（編集部）
〇三-三二三〇-六三九三（販売部）
〇三-三二三〇-六〇八〇（制作部）

装幀……原　研哉

印刷所……大日本印刷株式会社　凸版印刷株式会社

製本所……加藤製本株式会社

定価はカバーに表示してあります。

ISBN 4-08-720072-8 C0298